我们误解了这个世界

哲人与高僧的对话

济群　周国平 / 著

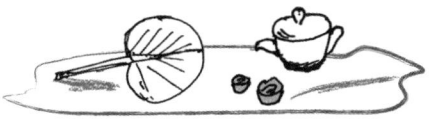

巴蜀书社

北京长江新世纪文化传媒有限公司
www.cjxinshiji.com
出品

畏冰 摄

目录
Contents

本来空，本来满　/　周国平　　　009
问心寻路　/　济群法师　　　013

时代与责任
两个"自由主义者"　　　020
什么卡住了你？　　　022
严重的问题是教育　　　025
学佛要有次第和方法　　　028
向古希腊学园看齐　　　032
回归佛陀的本怀　　　035

哲学与宗教
智慧与爱智慧　　　040
佛学补中国哲学之不足　　　043
禅宗与净土缘何流行？　　　048
万能的神难以成立　　　050
人类用理性探索世界　　　053
佛怎么帮助人？　　　056

陈建奇 摄

本体与空性	理性不能抵达真相	062
	空性不可言说	065
	佛教的认识论	068
	唯识的三性理论	072
	世界有没有一个本相？	074
	潜意识的力量	078
自我与无我	不要一辈子为身体打工	084
	自我观念的来源	088
	自我像一个皮包公司	091
	我执是烦恼的根源	094
	洗干净的衣服还是衣服吗？	098
	因为无我，所以慈悲	101
自由与命运	因缘和合，由因感果	108
	心的能动性	112
	命运的可变和不可变	117
	谁为前世的善恶买单？	120
	种子和现行	128
	内在自由和外在自由	133
生死与轮回	直面生死的困惑	140
	自得其乐的人需要被唤醒吗？	143
	生命是大海，今生是浪花	146
	无常是硬道理	151
	生命在轮回中流转	154
	活着也可以涅槃	157

生命与苦乐	生命是虚幻的吗？	162
	迷惑是苦，觉醒是乐	164
	佛教是悲观主义吗？	168
	净土在何方？	172
	佛法是对生命的如实观	174
	理性对于生命的利弊	175
道德与修行	道德建立在智慧的基础上	182
	尊严感和惭愧心	184
	以无所得之心求利益	186
	成佛不是评职称	189
	把修行落实到生活	194
	人性有差别吗？	199
觉醒与解脱	解脱是当务之急	208
	点亮智慧，照破无明	210
	从觉醒到解脱	215
	人皆有自救的能力	218

序

本来空，本来满

周国平

济群法师是我特别敬重和欣赏的当代僧人，他于我真正是亦师亦友，我受教良多，默契也良多。他人品正，悟性高，所以心态好。在佛门中，他是——用他自己的话说——一个自由主义者，超脱具体佛事，过着闲云野鹤的生活。在人世间，他却又是——用我的话说——一个理想主义者，然而是关注现实、惦念众生的理想主义者，孜孜不倦地传播人生的真理。他善于用日常的话语说透精妙的佛理，有拨云见日之效。我本人认为，在今天的时代，他的声音值得每一个被欲念和烦恼所困的人倾听。

我和法师神交已久。最早是在2002年6月，他给我发电子邮件，为他主编的杂志《人世间》约稿，从此建立了联系。我们之间时有书信往来，但未尝谋面，直至十年后的2012年6月，才在北京第一次见面。随着交往变得具体，彼此更加了解，我们产生了一个共同的想法，就是做一个比较系统的对话。

佛教讲因缘，一个僧人和一个哲学工作者相遇在这个时代，想必也隐含着某种因缘吧。中国社会正处在转型时期，新旧交替，万象并呈，有一个现象值得注意。在激烈的竞争中，人们急切地向外寻求成功，但不论成功与否，却普遍地不感到幸福，因此迷茫。其中相当一些人，已发觉问题出在心灵层面的缺失，对宗教和哲学产生了兴趣，又苦于不能深入。这使得我相信，作为"专业的"僧人和哲学工作者，我们的合作对人们或许会有所助益。

人生在世，向外寻求成功无可非议，但倘若只有这一个目标，未免格局太小，境界太低。目标小而低，其结果必定是达到了没有大欢喜，达不到则有无穷的低级烦恼。人生不可缺少大而高的目标，最大最高的目标就是向内寻求觉醒。关于这一点，哲学和宗教早有共识。中国哲学的始祖孔子说："朝闻道，夕死可矣。"西方哲学的始祖苏格拉底说："未经思考的人生不值得一过。"佛教的始祖释迦牟尼说："不知正确的教法而活百年，不如听闻正确的教法而活一日。"这些教导都把觉醒视为人生的主要目标，而且在语言表述上竟也高度相似，绝不是偶然的。如果要给古今中外的哲学和宗教确定一个共同主题，便是觉醒。如果要给本书确定一个主题，也便是觉醒。读者还会看到，以觉醒为人生的主题，这一点在佛教中体现得比其他一切宗教和哲学更为鲜明。

我和法师共进行了六次对话,时间和地点先后为:2012年6月18日我的家里;2012年10月17日北京法源寺;2013年1月22日我的工作室;2013年12月16日北京国宾宾馆;2014年7月20日北京华贸中心字里行间书店;2015年4月21日我的工作室。近三年里,我一直在为我们的系统对话做准备,而把这些对话视为一种预热,不曾想到,六次对话下来,发现提纲所列的问题已谈得相当充分。那么,既然柳已成行,就不必在乎插柳是有心还是无心的了。于是,以六次对话的录音记录为基础,我按照话题做了梳理,整理出初稿,法师再对初稿做认真的修改和补充,遂成本书。

和法师谈话是极愉快之事。我对佛法素有兴趣,但所知甚少,疑惑颇多。一半凭着无知者无畏的胆量,一半凭着追根究底的认真,我常常几乎放肆地向法师发起"挑战"。偏偏法师乃真性情人,喜欢有人向他"挑战",在传播佛法智慧的同时,也很享受哲学爱智的乐趣。在很大程度上,我是有意立足于西方哲学的立场,像辩论赛中的乙方那样,向甲方抛出难题。我相信,这是比一味顺从更好的方式,有助于法师更活泼地启动智慧,阐明佛理。不用说,在这种方式背后,动机仍是虚心求教,而事实上我亦大有收获。

本书的主角是法师,我只是一个配角,全部对话是围绕佛法这个中心进行的。我还乐于承认,即使扩大来看,在生命觉悟的领域里,哲学给佛学当配角是一点儿也不冤枉的。和法师对话坚定了我的一个信念，即人生问题的究竟解决是在佛法之中。

2015 年 8 月 22 日
于北京

编者注：序言题目《本来空，本来满》由本书互联网征名活动的参与者周捷提供。

序

问心寻路

济群法师

在多数人的印象中,似乎觉得佛法离生活很遥远。其实,佛法是人生的大智慧。人生存在的各种问题,佛法都可以帮助我们建立正确认识,并提供究竟的解决途径。因为世界的所有问题,无非是人的问题。很多时候,事情对我们产生多大影响,并不在于事情本身,而在于我们具备什么认识,以什么心态来处理。

佛法自古被称为心学,是引导我们认识并改善心性的一种智慧。过去的许多文人士大夫,往往既是儒者,也是虔诚的佛教徒,依此安身立命,修心养性。而对普通百姓来说,佛教则承担着心理抚慰和指点迷津的作用。当他们不知何去何从,就会到寺院烧香礼佛,祈求佛菩萨加持,或直接请求法师开示。所以,出家众的职责就是内修外弘,一方面精进修行,令自己明心见性；另一方面要传播佛法，为信众排忧解难。相比只有两百多年历史的西方心理学，佛教对心性的认识更为透彻。所以近几十年来，西方心理学界也在不断吸收佛法的理论和禅修方法，用于心理学的学科建设及临床治疗。相关书籍正在陆续介绍到国内。

从文化传统来说，西方哲学早期关注对世界本体的认识，其后才重视认识论及人的问题。因为我们能认识什么样的世界，是取决于我们的认识能力。就像一面镜子，如果它是哈哈镜，或破碎而布满污垢的，就不可能反映事物的本来面目。随着科技的发展，人类的认识能力极大提高，对浩瀚太空有了越来越多的发现，对微观世界也有了越来越深的了解。这就说明，你的认识达到什么程度，世界就在你面前展现相应的广度和深度。

那么，人有没有能力认识无限的宇宙？佛法认为，人的认识有两个层面。一是来自经验积累，即通过教育和生活学到的。在这个层面，再多的有限还是有限，不可能认识无限。但佛法也告诉我们，我们的心和宇宙是相通的，所以生命内在还蕴含无限的智慧。在没有开发无限性之前，生命是渺小而短暂的。不必说人生短短几十年，即使我们生存的地球，在宇宙中也是微不足道的。唯有开发无限的智慧，我们才有能力认识无限的世界。这种对无限性的认识，需要通过禅修向内开发，而不是向外寻求。

此外，佛教关于轮回和心性的思想，在很大程度上弥补了中国文化的不足。儒家关注的重点在于现世，不太关心死后的问题。

但不关心,是不是死后就没问题?很多人一辈子都在回避"死",从来不愿正视它,一旦死到临头,就被巨大的恐惧所淹没,死得痛苦、挣扎、毫无尊严。生从何来,死往何去?始终是人类永恒的困惑。只有解决这个问题,才能找到生命的真正价值所在。

千百年来,中国社会向往的成功,是通过寒窗苦读,求取功名,由此光宗耀祖,扬名后世,都是在现实层面的。而印度文明关注的核心,是轮回与解脱。当我们立足于现实,所见永远是局部的,是没有来龙去脉的片段。就像人生,哪怕盖棺定论时,也只能看到今生的起点和终点。而在无尽的生命长河中,这个起点和终点不过是一片浪花的生灭。只有成就无限的智慧,才能真正看清,我们从哪里来,到哪里去。

轮回的思想,重点是帮助我们了解生命的长度。如果不认识轮回,生命只是一个短暂的片段,是没有长度的,对生命的认识也是不完整的。除了轮回,佛教也很关注心性,这是帮助我们了解生命的深度。生命的存在到底是怎么回事?古希腊哲人在两千多年前就警醒世人:"认识你自己!"那么,什么代表你自己?如果不了解心性,我们又何以认识自己?而认识世界真相乃至成贤成圣,同样离不开对心性的了悟。

我曾在北大参加"佛学与心理学"的对话,也涉及这个话题。为什么佛教如此关注心性,而西方宗教却不太关注这一点?因为西方宗教属于他力信仰,不需要对生命有太多了解,只要信仰、听话、多做善事就行了。至于能不能升到天堂,那是上帝的事,不需要你关注。而佛教偏重自力，要靠自我拯救。这就必须向内探究，了解心性的真相和运作规律，才能知道我们到底有没有自我拯救的能力，以及如何开发这种能力。

此外还有价值观的问题。人生究竟蕴含多少价值？如果不了解心性，所谓的价值观，必然局限于现实生活，以现前的利益和感受为导向，注定是肤浅而渺小的。就像在孩子眼中，最有价值的往往是一粒糖或一个玩具，为此，他愿意拿自己的全部去交换。如果不能找到人生的最大价值，我们未必比一个孩子看得更远，也难免做出荒唐的选择。所以说，价值观绝不是形而上的抽象问题，而是直接关系到我们的人生选择，关系到今生的幸福与否。

我们能认识什么样的世界，是取决于自身的认识能力。就像望远镜，每一次改进，都使人类的观察范围扩大一步。但不论怎么发现，相对无限的宇宙，仍是沧海一粟。而佛法对心性的认识是向内开发，一旦打开我们本来具足的无限智慧，就天上天下，无所不知了。因为心的本质就是宇宙的本质，两者是一体的，没有能知和所知的分别，也没有已知和未知的界限。正如《大般若经》所说："一切世界一切有情色相差别，及余物类种种不同，如来皆见，如观掌中阿摩洛果。"

佛法讲缘起性空，讲诸法唯识，既说明事物本质是空，没有固定不变的特质；也说明在认识世界时，心并不是单纯的观察者，同时也在影响物质世界，决定它以什么方式存在，所以说，不论对自然还是人类社会的认识，关键在于我们具备什么样的心性。这是开发认识能力的根本所在。儒家文化立足社会现实，西方哲学重视探究世界真相，而佛教心性论和轮回说恰恰可以弥补两者的不足。

《我们误解了这个世界》根据我和周国平老师的多次对话整理而成。周老师富有求真精神，对哲学、社会都有深入的思考。我自己在修学过程中，也致力于探究生命真相、解决人生问题。我们研究的领域虽然不同，关注的问题却极其相似，有谈不完的话题。自2012年第一次见面以来，我多次在北京和周老师相约见面，或在法源寺的走廊下，或在周老师的茶室中。我们在放松的状态下，随着思维的自由流淌，交流了一个又一个问题。和周老师对话，让我开阔视野，激发灵感，增长见识，可谓畅快！

这本书，可以说是西方哲学与东方佛学的一次碰撞。我们谈话的内容，既是哲学关注的，也是佛法要解决的，更是现实人生回避不了的问题，如信仰、本体、自我、命运、生死、苦乐、道德等。周老师阐发西方哲学对这些问题的看法，我则从佛法角度分享我的认识。每一次，我们都在意犹未尽的享受中结束交流。

人类创造了文明，文明也改变着人类命运。今天，人们有了梦寐以求的舒适生活，可很多人过得并不幸福，社会、生态等问题日益尖锐。问题到底在哪里？我想，还是要回归到人类自身来思考。佛法提供的角度，是充分认识心性，造就健康的心态、人格及生命品质，从根本上解决问题。相信这样的对话，既能增进东西方文化的相互了解，也能为解决社会人生的问题提供思路。

2015 年 9 月 18 日
于五老峰阿兰若处

编者注：序言题目《问心寻路》由本书互联网征名活动的参与者穆如清风提供。

时代与责任

真理属于人类,谬误属于时代。——歌德

今诸世间,皆悉空旷。常处黑暗,怖畏中行。邪见炽盛,不善增长。——《善见论》

两个"自由主义者"

周：我和法师神交已久，今天终于见面。最早应该是在2002年6月，你给我发电子邮件，为你主编的《人世间》向我约稿，从此建立了联系，至今已经十多年。当时我略感惊讶，一个僧人发电子邮件，很与时俱进啊。我知道你现在还开博客和微博，有几十万粉丝，是你自己打理的？

济：博客是一位居士在帮忙打理，主要从我以往的文章里摘录编辑，包括我的各种演讲和上课内容。微博是我自己每天写的。

周：那也是贴旧的段落吧？

济：没有，微博是随时想到随时写的。

周：天天都写吗？

济：正常一天会写一条，多一点就两条，也有时候不写。

周：比我强多了。我是一个星期更新一次，多半是从旧文里摘取。看你的简历，你是中国佛学院的第一批学生，是上佛学院后出家吗？

济：在上学之前，我已经出家了。我的父母都是虔诚的佛教徒，在他们的影响下，全家都信佛。我14岁就以行者身份住过寺院，17岁正式剃度，在佛教界算是童真入道。

周：这么早就出家，人生的许多滋味还没有尝试过，不觉得遗憾吗？

济：我觉得，我似乎生来就是为了出家的。现在回头再看，在没有进入世俗生活之前就能出家，也算是很好的开端吧！随着佛法修学的深入，我越来越觉得，对我来说，没有比追求真理、弘扬佛法更有意义的人生了。

周：从中国佛学院毕业之后，你到过不同的寺院？

济：1984年毕业后，我在福建广化寺比较安静地住了几年。每天主要是自学，以戒律为主，兼看俱舍、唯识，随后在福建佛学院开始担任一些课程。80年代末，我到了南普陀，就是我现在常住的地方。此后，一直在佛学院从事教学，指导研究生修学。同时也在苏州主持戒幢佛学研究所的工作，定期去讲课。总之，几十年都在修学和教学，一以贯之。

周：我看到你的访谈说，你是个自由主义者，是个山野之人，在教学之外，谢绝一切社会头衔和行政职务。我很欣赏。我也是个自由主义者，受不了杂务的束缚。

济：我觉得人只有在自由开放的状态下，才会有智慧的火花。每天都在机械、忙碌的生活常态中，会扼杀灵性的东西。我不喜欢管人管事，也不愿意被别人管，害怕介入复杂的行政事务中，更讨厌无谓的应酬。

周：对，人就应该顺应自己的性情，做自己喜欢做的事。这不意味着对社会不负责任，事实上，用适合于自己性情的方式来做事情，不但自己舒服，而且所产生的社会效果也是最好的。如果你当住持，为行政事务操劳，就会浪费了你的长处。我也一样，此生无官运也不想有，像现在这样是最好的。我们在这一点上是相似的，一方面独立地从事佛学或哲学的研究，另一方面关注社会精神层面的问题，把二者结合起来，为改善时代的精神状况尽一点力。

什么卡住了你？

周：你觉得现在中国的佛教界怎么样，有什么问题？

济：说到这个问题，我们先要把佛法和佛教分开。我们要学的是佛法，法是"法尔如是"，不会因为时代或地域出现什么问题。但佛教是一个缘起的现象，是社会的一部分。也因此，社会存在的各种问题，同样会在佛教界有不同程度的折射。在古代，一道黄墙就能围出红尘不到的方外之地，但现在，各种媒介早已突破围墙的屏障，这就使得今天的修行变得格外困难。修行上不去，问题自然接踵而至。尤其是佛教经历了"文革"的摧残，又在百废待兴的环境中恢复起来，说起来比较复杂。

周：没关系，你是自由主义者，可以说一说。

济：近二十年来，我一直在思考当今教界存在的问题，希望提出解决之道。我觉得，根本问题就在于修学。出家人修学得力了，都能如法如律，具足僧格，教界即使有什么问题，也是微不足道的。但如果出家人的修学上不去，结果无非是两种，或者要名利，或者混日子，和社会上的人不会有本质区别。在加强僧教育的同时，还要让大众了解佛教对当代社会的价值，对个体生命的意义。如果能出现一批高素质的正信佛子，既可以为教界提供优秀僧才，又可以通过他们的身体力行，消除民众对佛教的误解。佛法为我们提供的，是一种普世性的智慧。这种智慧蕴藏在深奥的佛典中，很少有人能够了解，也没有适当的渠道去了解。之所以说它是普世性的，是因为每个生命都有迷惑和烦恼。佛法就是帮助我们看清生命中存在的问题，并提供究竟的解决之道。当然，也有些人活得懵懵懂懂，吃饱睡足就万事大吉，可能不觉得人生有什么问题。

周：这样的人好像挺幸福啊。

济：这种幸福只是需求和所得暂时达到平衡时的一种假象，但很不稳定。一旦条件发生改变，所谓的幸福随时可能破灭。更何况，人还有更深层次的精神需求，他现在意识不到，不等于始终意识不到。当这种需求出现在他生命中，他又如何面对，如何安顿身心？多数人的生命现状，无非是一大堆错误想法再加上一大堆混乱情绪。而物质的过度和信息的泛滥，又加剧了这种混乱。所以现代人普遍心态不好，焦虑、躁动、茫然，连吃饭睡觉都要不停地刷着手机，真可谓寝食难安。因为心态不好，就使得生命品质趋向堕落。在今天，虽然我们的物质生活有了大幅度提升，但生命品质不升反降。古人崇尚的是道德，是圣贤；而今人崇尚的是声色，是明星。从这种选择的变化中，就可以看到这个社会的价值取向。

周：总结得好，一大堆错误想法加上一大堆混乱情绪，真的是这样。

济：更严重的是，人在这一大堆错误想法和混乱情绪中，根本就是不知不觉，身不由己。

周：观念和情绪具有巨大的力量，人们往往被这两样东西支配着，很少去想一想自己所接受的那些观念到底有没有道理，让自己陷入强烈情绪的那些事情是否真的重要。

济：所以这个时代需要启蒙，启发大家对人生的思考。每个人终究要面对那些终极困惑，包括"我是谁""生从何来，死往何去""人为什么活着"等等。对于这些问题，佛法给了我们究竟的答案。但作为一个出家人，光自己理解还不行，还需要把它说得大家都能听懂。只有把个中原理理解透彻之后，才能自由表达，一切才能变得简单。你对哲学也做了很多普及工作。

周：其实我更多的是在解决自己的问题。后来我发现，这些问题是很多人都面临的，所以会有比较大的反响。

济：佛法本身就有哲学的层面。哲学关注的问题，佛法也在关注。不同只是在于，两者有各自的认识和解决方式。佛法非常重视正见，将之作为"八正道"之首。换言之，首先是对每个问题建立正确认识，这是走向觉醒、解脱的前提。反之，当你产生错误认识并执着于自己的想法时，就会被卡在其中，不得解脱。

周："卡"这个词用得好，很通俗，但生动而准确，和解脱还是对应的。

济：佛教中，和解脱相对的是一种束缚，一种捆绑，也就是被"卡"住了。

周：对，还是"卡"更形象，好像能看到一样，而且状态更悲惨一点，还有点卡通，能够联想到漫画的形象。

严重的问题是教育

济：在你看来，中国人是不是天生缺少哲学潜质？或者说，它的整个文化环境比较重视实用，这就影响到很多人的观念，天生不喜欢去想那些形而上的东西。

周：从本性来说，一个稍微有点慧根的人，就不会甘心像动物一样生活，一定会有追求，我称之为精神本能。人都有这种精神本能，中国人也不例外，但我们的文化是不鼓励的。

济：这种文化的鼓励很重要。每个孩子都有思考人生问题的潜质，很多人小时候会好奇：人为什么会死啊？死了到哪里啊？我是怎么来到这个世界的？但在接受教育的过程中，老师和父母会不断告诉你，不需要去关心这些，只应该关心考试和升学。他的这些思考非但得不到支持，还会被直接扼杀。所以在长大后，关心的只是眼前的柴米油盐，升官发财。

周：很小就被扼杀了，这是当代中国很严重的一个情况。现在比以前更严重。

济：因为社会更功利了，做什么都要马上看到回报，要有现前的结果和利益。

周：实际上把幸福的源头给掐死了。幸福的源头是精神的健康，从小就被掐死了，只好向外界乞求，一辈子受苦受难，还以为是在追求幸福，太可怜了。教育的问题特别大，信仰的缺失也是特别大的问题。对于有信仰传统的民族来说，没有信仰会心慌的，但我们这里没有信仰才是正常的，大家都无所谓，不认为信仰是生活的必需品。

济：还是教育的问题。整个教育让人们形成了这样一种观念，或者说，一种按部就班的惯性。一旦进入这个轨道，虽然生活内容有所不同，但生命品质就几乎没有提升的可能了，接下来往往是被社会磨砺得更世俗，更势利，更斤斤计较。

周：文化传统也是一个原因。

济：如何才能启发更多的人去关注这些问题？

周：所以需要弘法。弘法的实质就是教育，不一定是要让你成为佛教徒，是要让你活得明白一点，要有人生的觉悟。

济：现代教育偏向于生存技能和知识的传授，其实这只是文化的一部分，甚至不是主要部分。教育应该是全方位的，包括如何做事，做学问，更包括如何做人。每个人需要健康地活着，就得处理好与自己、与他人乃至与世界的关系，这就离不开哲学和宗教。目前，整个社会特别缺乏关于心性和生命的教育。

周：不光是缺乏，我觉得基本是在对着干。

济：这样一种教育也是任重道远，需要整个社会的重视和参与。希望政府能把这样的教育落实到民众教育中去。

周：政府能做的是给你提供一个自由的空间，让民间来做这些教育就行了。

济：从社会发展来说，物质基础形成之后，精神问题就会显现。在今天，人们已经真切感受到，物质无法解决一切问题，也未必能带来幸福。所以，一部分人开始关注心灵问题。在这样的背景下，缺乏健康的文化和信仰作为心灵引导，是非常可怕的。当人有了精神或信仰的需求，却不能通过正当途径得到满足时，邪教就可能乘虚而入。因为人们从来没接受过相关教育，没有标准，缺乏比较，但内心又有需求亟待满足，在这种供需不匹配的情况下，就很容易被似是而非的东西迷惑。

周：现在这种东西很有市场。有些人就是骗子，打出某种信仰的旗号，宣称能在根本上改变你的人生，很多富裕人士反而容易信仰这些。

济：这确实是一项巨大的工程。总体上，整个社会教育是个大问题。对一个国家来说，体制和教育方式是关系到国民素质的重要因素，也在很大程度上影响了国人的人格和心态。

周：不管狭义还是广义的教育都很成问题。核心是价值观的问题，到底追求什么，要有什么样的价值观？这是现代中国最大的问题。

济：没有核心价值观，大家都活在自我的欲望中，跟着感觉走，是很可怕的。因为这种感觉是混乱的，如果再缺乏道德或信仰的约束，失控是必然的。现在整个社会充满戾气，连师生和医患的关系都变得剑拔弩张。要知道，老师是"灵魂工程师"，而医生是"白衣天使"，当这样的职业都让人失去信任，甚至产生对立时，这个社会还能相信什么？

周：教育培育心灵，医学救治生命，本来应该是两个最干净的领域，现在却成了民怨最沸腾的领域，突出反映了这个时代的问题。在匡正世风人心的事业上，佛教可以起到很大的作用。从各种宗教比较来说，佛教在中国还是有基础的。

学佛要有次第和方法

济：佛法博大精深，经典浩瀚，今天的人学起来确实有一定难度。这个难度不在于我们接触佛法的机会太少，正相反，是在于资讯过于发达，以至于让人无所适从。很多人虽然对佛教有兴趣，但并不清楚应该通过学佛来解决什么问题。有病急乱投医的，也有附庸风雅、当作文化修养的，不一而足。而那些有心学佛者，因为对佛教缺乏基本正见，所以在面对各个宗派的各种说法时，不知道这个经典和那个经典是什么关系，也不知道先学什么后学什么。因为不同经典代表不同的修学体系，如果没有次第，缺乏对佛法的宏观认识，在学习过程中，往往会陷入选择上的困难。

周：是的，面对佛学的浩瀚典籍，我也是望而生畏，不知从何入手。

济：佛法太博大了，每一部经论，每一个宗派，都包括从教理到修证的完整体系。虽然条条道路归长安，指向的终点是一样的，但起点不同，路径不同，有的看起来完全是两码事，甚至彼此矛盾。如果没有一个清晰的次第，往往学了几十年还是不得要领。

周：这不光是方法问题，还有慧根的问题。

济：学佛需要有良好的氛围和有效的引导。这种引导，主要是明确先后次第，掌握方式方法。学佛不能单纯作为理论去学，那就和做学术没什么区别了；但也不能什么理论都不学就盲修瞎炼，那只会在自己的感觉中闭门造车。不少人看起来很精进，但见地跟不上，修来修去都不得力。如果观念有问题，就意味着他还会不断制造烦恼。他修的那点法往往还挡不住制造的烦恼，就会修得很痛苦，很怪异，所以见地很重要。

周：其实，学哲学也是这样，首先必须知道自己要解决的问题是什么，然后对哲学经典的脉络要有一个基本的了解，这样才能找到二者的对接点。

济：学佛是学习佛法的智慧。在修学过程中，需要把佛法见地转化成自己的观念。我们在没有学佛前，也会有自己的世界观和人生观。学佛之后，就要发自内心地接受佛法，以此代替原有观念。当然，这种接受不是盲目的，而是在闻法、思维、理解基础上的接受，并且经过现实人生的检验，确认佛法所言不虚。只有这样，学佛才能落到实处。特别要注意的是，替换观念不是知道概念。仅仅知道概念，就像得到一张药方但不去服药，或是得到产品说明书而不去使用产品，是没有真实力用的。唯有将佛法落实到心行，以佛法智慧看问题，才能消除错误观念，进而消除由此产生的痛苦烦恼。

周：按照我的理解，接受佛法，代替自己原有的观念，不是一个单纯代替的过程。任何一种接受，都是在自己已有积累的基础上进行的。因此，实际发生的是对已有积累的一种清理，去除谬见，而让优良的种子发芽生长。用宋明新儒家的话说，这叫明心见性。

济：明心见性也是佛法修行的重点，禅宗尤其重视，所谓"直指人心，见性成佛"。当然，这是对上根利智设定的捷径。对一般人来说，还是要经历戒定慧、闻思修的常道，需要从树立正见、改变观念入手。所以，我提倡的学习方法是"理解、接受、应用"。首先是从法义上理解，比如佛教说"诸行无常"，告诉我们，世问一切都是无常变化的。我们不仅要"理解"无常的道理，还要把这个道理拿到现实中去检验，看看哪样东西不是无常的。当你通过自己的观察，发现事物的确是无常的，就能发自内心地"接受"这个观念。具备这一认识，就要用来替换过去对"永恒"的幻想，学会用无常的眼光看待一切，这就是"运用"。当你对佛法真正地理解、接受并应用后，自然会达到观念、心态乃至生命品质的改变。因为观念会影响心态，心态会造就生命品质，这是由此及彼的。

周：佛教界本身是否也存在这个学习方法的问题？

济：佛教有自身的修学传统，但对多数人来说，还是存在文字、理解和选择等方面的障碍。我们目前做的，是针对现代人对佛法存在的误解和修学困惑提出解决之道，主要有三个方面。首先是建立正信。很多人对佛教有误解，这就需要帮助他们一一扫除，认识到佛法对人生的重大意义，知道为什么需要学佛。其次是让佛法和现实人生建立联系。一般人会觉得，佛法离生活非常遥远，这就需要让佛法落地，让大家了解，如何运用佛法来认识并解决人生存在的各种问题。第三是对修学的引导。学佛不仅是为了解决现实问题，让我们心态平和一点，快乐一点，而是要引导学人从迷惑走向觉醒，走上自觉觉他的菩提大道。

向古希腊学园看齐

济：过去的哲学家搞一个学园，自己带一班学生在那里，修身养性，探讨人生问题，这种状态很有意思。

周：对，柏拉图的学园，延续了几百年。亚里士多德是廊下学派，古希腊的建筑都是大殿和大走廊，哲学家就带着学生一边散步一边聊天。

济：不是一本正经地坐在教室里。

周：估计那时候都没有教室。

济：我们现在也在廊下（按：当天谈话是在北京法源寺悯忠阁廊下进行的）。

周：这是一种最自然的状态。

济：真正的哲学思考，来自放松的状态。只有在最放松的状态下，才会出现灵感的火花。

周：尼采说过，哲学是不能在课堂上讲的，因为哲学需要一种思考状态，你不能保证自己在课堂上出现这种思考状态。

济：佛教界的传统教学，也是一个法师或禅师，带领一帮弟子，在水边林下，或研究经论，或参禅悟道。可惜，目前整个佛教教育都偏向学院式，已经偏离佛教自身的教育传统。学院教育着重知识性和综合性，一学期要学五六部经论，如果文化基础不是特别好，听懂都不容易，更谈不上深入理解和运用。而佛教教育有自身的目标导向和方式方法，是有次第地修学一部经论，专研一个宗派，不仅要深入理解，还要实修实证。这样的学习比较扎实。

周：你自己采取什么方式教学？

济：我有几种方式。一种是在研究所上大课，有六十多个学生，大家席地而坐，像古代的书院，我也盘腿坐在上面。我没有PPT和板书，从头讲到尾，还会留一定时间和大家交流。此外，研究所有四个方向的研究生，他们平时都有带着学习的老师。我会不定期把他们找来，在庭院里，让他们每人谈谈近期的学习情况，汇报一下心得。我再根据每个人的情况和他们讲一讲，比如认识有什么问题，或方法上还要注意些什么。我会根据研究生的不同专业做些指导，平时主要靠他们自己学习。

周：你讲课有备课提纲吗？

济：我讲课会有一本原著，做笔记，画重点，就这一本。

周：每一课讲哪一段，这有计划吗？

济：我有大概的课时评估，但没有很具体的计划。讲解经论主要是对研究所的学生。面向社会举办讲座时，需要特别考虑听众的接受能力，如果他们听不懂，或者觉得没用，可能就坐不住了。研究所学生有一定的学习基础和连贯性，讲起来比较轻松。

周：研究所学生是一块，社会大众是一块，还有没有别的？

济：还有就是菩提书院，这是特别为在家居士学佛量身定制的，也是我最重要的弘法项目。这是一所没有围墙的心灵学院，修学内容包括初、中、高三级，修学方式分为个人自修和班级共修。

对于怎么自修，怎么讨论，有一套详细的操作流程。现在学校的学习往往是被动的、单向的，缺乏交流，而且偏向知识性。我们提倡的是一种主动的、交流互动式的学习。学员平时根据课程设置自学、看书或观听音像，然后每周聚在一起交流对法义的理解，以及佛法在生活中的运用和心得。我们还会把学得好的学员培训成辅导员，带领新加入的学员一起修学。学院式的佛教教学，一是内容庞杂，缺乏次第；二是面面俱到，不易深入；三是被动听讲，缺乏交流。菩提书院的修学设置恰好纠正了这几个问题。首先是内容明确，次第清楚；其次是深入学习，反复听闻；第三是主动学习，坦诚交流。这样的方式，效果比学院式的教育好得多。

周：现在大学教学基本也是灌输式的。

济：书院的修学内容是我精心规划的。如果把生命理解为一个产品的话，它的成长也需要经过设计。这个产品有哪些潜能？如何去开发它？此外还要评估，这个产品目前的状态如何，离我们希望的品质差多远？如果它已经形成不良品质，又该如何改造？对多数人来说，现在的观念和状态，往往是被动而非主动的选择，是迷妄而非智慧的选择。换言之，是在不知不觉中铸造了这个生命产品。在这种情况下，要成就一个优秀的生命品质真的很难。

周：这就要看造化、看运气了。你只能是针对一般情况设计，很难个别化地设计吧。

济：佛教强调应机设教，如果有条件做到，当然是最理想的。

但在教界目前的状况下，有能力进行引导的师长奇缺，这就需要建立一套大众化且可复制的模式，才能满足社会日益增长的需求。我们目前的重点，就是建立三级修学模式。这种模式不仅要让有限的教育资源发挥更大作用，还要保障它的纯度，不致因为大量复制而出现偏差。每个生命都有共同的核心，修学也不例外，掌握这个特质，就可以从共性入手。

周：这个共性应该是更本质的东西。

回归佛陀的本怀

济：从传统佛教到面向社会的传播，教界还需要做很多努力。首先要认识到，什么才是佛教的优良传统，而不是流传过程中形成的陈规陋习。这就需要拨乱反正，回归到佛陀出世的本怀，回归到佛法应有的定位。

周：有哪些属于陈规陋习？还有一些应该是现代商业社会产生的问题吧？

济：有些是在经济浪潮下出现的，比如寺院的商业化。寺院是一个道场，其作用是成就僧人用功办道，同时作为民众的精神家园，起到化世导俗的作用。但在不少地区，寺院已经背离修道和弘法的功能，只能起到旅游景点的作用，甚至被某些地方作为敛财机构。至于传统的问题，比如来世化、鬼神化的倾向，使佛教脱离"此时、此地、此人",失去在现实中的教化作用。还有明清以来的寺院建筑,也和佛教本身的职能不相吻合。寺院应该是传播佛法的教育机构,但现在的佛寺建筑偏向崇拜,重点用于礼佛和参观,教育和弘法的功能反而比较薄弱。不少寺院虽然殿堂巍峨,金碧辉煌,却缺乏供人静修和举办讲座弘法的场所。关于出家人的修行,往往也只关注两堂功课。虽然早晚都在念,但多半只是念念、拜拜而已,形式大于实质,修行效果不尽如人意。

周:历史上汉传佛教的建筑都是这样的吗?

济:不都是这样。汉传佛教现在的建筑格局,主要是继承明清以来的传统,而隋唐时期就是以禅修和教育为中心,所以禅宗丛林有"不立佛殿,唯立法堂"之说。

周:建筑形式是很重要的。

济:因为建筑本身就包含一种引导,也决定了寺院的功能,它有哪些用途,又能为大众提供什么。现在各地建了很多寺院,似乎只是供人旅游参观用的。很多人外出旅游,就是"上车睡觉,下车看庙"。他们到寺院转了一圈,除了看到殿堂、佛像,能不能对佛教有一点正确认识?原因是什么?此外,如何把高深的佛理转化为生活智慧,佛教界在这方面也做得远远不够。社会大众对佛教的各种误解,比如消极、出世,及鬼神化、哲理化等,使佛教离生活非常遥远,只是少部分精英在研究,不接地气。

周:各种形式都应该有,有些人可以专门去研究比较高深的佛理。

济：也需要有些人把这些研究转化为实际应用。佛法有哲学的层面，但目的是为了指导修学，成就觉醒、解脱，而不仅仅是为了从中获得思辨之乐，更不是作为谈资卖弄。

周：现在佛教似乎成了一种时髦，很多人热衷于灵修一段时间，但进入佛教之根本的人太少了。

济：这也反映人们有解决心灵问题的需要，但社会普遍缺乏这方面的教育和引导。

周：缺乏的原因何在？是缺乏优秀的老师？

济：长期以来的教育环境，以及"文革"期间的破坏，使佛教界出现了断层。宗教政策恢复后，教界的教育方式也不理想，虽然出现了一些优秀人才，但他们的成长轨迹往往有很大的偶然性。只有建立真正有效的模式，优秀人才的出现才能具有必然性。否则，培养人才就成了小概率事件，有很大的随机性。

周：没有优秀的人才，教育就很难根本改观，这是一个恶性循环。但愿偶然脱颖而出的人越来越多。

济：从佛法角度来说，这需要众缘和合。缘起最大的特点，就是一切结果都由条件决定。你创造什么样的条件，就会有什么样的结果，教育也是同样。现在的关键是，人们对这些问题的思考不到位，更多是外行在指手画脚，抓不到根本。虽然现状如此，但我们还是要去努力。只要努力，总可以为这个社会尽一些力量。总之，做就是了。

畏冰 摄

哲学与宗教

宗教就像萤火虫一样，为了发光而需要黑暗。——叔本华

若人信心无有智慧，是人则能增长无明。若有智慧无有信心，是人则能增长邪见。——《大般涅槃经》

智慧与爱智慧

周：我一直觉得，佛法是古今中外最博大精深的哲学。请法师说说佛法和哲学的区别。

济：我觉得，主要区别是哲学会有一定的玄想成分，而佛法来源于实证，目的也是解决实际的生命问题，而不是单纯停留在理论探索。当然，理论是必要基础。但我们由闻思树立正见之后，还要通过禅修，把这种闻思正见落实于心行，体认生命真谛和诸法实相。这必须是自己亲证的，所谓"如人饮水，冷暖自知"。

周：我看到你经常批判把佛教哲学化。

济：我批判的并不是哲学，而是一部分人把佛法仅仅当作哲学来研究，并以此为佛法的全部。从佛法角度来说，掌握理论是为了指导实践。也只有付诸实践，才能真正明了这些理论的内涵。否则，在名相中转来转去，永远只是画饼充饥，不知个中滋味。

周：哲学和佛法的共同点是要寻求智慧，所谓的智慧，就是要弄明白人生的根本道理。二者的区别是不是说，哲学到此为止，没有修行和实证这一块，因此很难把认识到的道理内化为真正的智慧，就像融入了血肉一样。这是一。二是佛教尤其大乘佛教，除了智慧还强调慈悲，而哲学没有特别强调慈悲这个方面的内容。是不是这样的区别？

济：哲学本身属于追求智慧的学问，但每个哲学家对世界和生命自身的认识有深有浅。能否对生命自身和世界真相有正确认识，取决于认识者的认识能力。

周：在这一点上，哲学很谦虚，从来不自称"智慧"，只是自称"爱智慧"，也就是在寻求智慧。

济：有时，人的想象和推理很可能接近真相，但没有通过实证，并不等于亲见真相，还是隔了一层。虽然这一层已经很接近，但它隔开的是两个世界。真相来自实证，而不是想象、思考的产物。比如我们要体认世界的真相——空性，就要有体认空性的智慧。科学家提出的不少观点，包括现在的量子力学、弦论，跟唯识、中观对世界的认识很接近。不过这是通过仪器得来的知识，虽然有助于提升我们的认识，但和以生命来现量实证是两回事。

周：从源头上看，哲学也不是纯思辨，更不是学术，而是生活方式，这在某种意义上也包含了修行和实证体验的意思，只是没有特别建立一套方法而已。有一种说法，实际上是一种责难，认为佛教也好，基督教也好，修行就是让你的身体处于一种特殊状态，然后这种状态支配了你的认识，支配了你的心理活动。比如说对空性的体验，为什么一定要让身体处于一种特殊状态，比如通过戒定这些步骤进入这种状态，才能有所体验？这种状态中的认识，和你平时在一般状态中的认识，两者不同的原因是不是和身体有关？

济：从佛法角度来说，一个真正证得空性的人，可以同时活在相对和超越相对的两个世界，不是必须在特定状态下才能具备某种认识。我们都是活在肉眼所见的、二元对立的世界，并且执着于此，所以生命充满局限。而圣者的内心已经超越这些界限，既能安住在他所证得的空性状态，又能活在相对的世界。凡夫因为内心有设定、执着和牵挂，所以无论在什么环境下，都是不自在的。或者身体让你不自在，或者家庭让你不自在，或者事业让你不自在，或者人际关系让你不自在。即使这些问题都不存在，我们还会自寻烦恼，自己让自己不自在。而圣者虽然和我们处在同一个世界，面对同样的问题，却能自在无碍，游刃有余。所以，体认空性并不是身体处于某种特殊状态下的幻觉，更不是臆想。智慧是来自心灵的体证和觉醒，而不是身体。

周：应该是这样的。所以修行只是手段，到了圣者的境界，就应该是不依赖于这些手段了。

济：至于其他宗教，不管怎么修，关键是对宇宙人生能否做出合理的解读，在理论上足以让大家认识清楚。

周：其实基督教也有苦修，不过，它的信仰决定了它的修行方式。面对全知全能的上帝，修行的重点必定是祈祷和忏悔，求得上帝的启示。

济：佛法是一种内证。佛法认为，人的问题都是无明迷惑造成的，同时也认为，人具有潜在的觉悟本性，能够完成生命的自我拯救。

周：达到这种内证，是不是一定要通过戒律和禅定？

济：戒律也好，禅定也好，只是开发这些潜能的手段。比如戒律，是帮助我们简单健康地生活。如果一个人生活混乱，内心往往也躁动不安，并发展出种种不良情绪。这就需要通过戒律进行规范，让我们从生活到内心进行简化，避免不必要的干扰。而禅定是培养持续稳定的专注力，弱化并最终摆脱迷惑系统。如果不修禅定，内心会有各种情绪和念头来来去去，使心处于浑浊而非清明的状态，内在的观照力就无法开显出来。所以，戒和定都是帮助我们开发潜能的途径。但潜能是本自具足的，就像矿藏，本来就已经在那里，只是需要通过相应手段才能开启。

周：这样说我觉得就好理解，戒律的目的是物质生活的简化，禅定的目的是心念的简化，这两种简化是通向觉悟的必由之途。

佛学补中国哲学之不足

济：儒释道是中国传统文化的主流。其中，佛教虽然是外来文化，但在中国已经流传了两千年。如何依循这些文化传承，建设当代中国的主流思想，造就健康的人格和心态，在今天尤为重要。包括西方哲学，也有值得我们学习和吸收的地方。

周：这是一个普世价值的问题。佛教思想中有很多普世价值，这些是可以打通的。

济：西方的很多观念，比如自由、平等、民主、博爱，也是佛教重点提倡的。比如佛教称佛陀为"得大自在"，自在就是最高的自由。除了重视社会环境的自由，尤其重视心灵自由。佛陀入灭后，没有另立一位教主，而是要求弟子们以戒为师、以法为师、僧事僧断，强调法治、民主。此外，佛教认为一切众生都有佛性，在业力面前人人平等。而大乘佛教提倡菩提心，对一切众生都要生起无缘大慈、同体大悲。这些思想和西方哲学有相通之处，但佛法立足缘起无我的智慧，对这些问题的解决更为究竟圆满。

周：哲学与佛教论证的途径很不一样，但追求的价值目标有相通之处。

济：社会上受过教育的人，还是接受西方哲学的观点比较多。

周：其实也不多。

济：哲学在中国始终处于不景气的状况。我听到一些学生说，之所以读哲学系，是因为进不了别的系。即使读了哲学系，大多数人也成不了哲学家。你是研究哲学的，对这种状况应该体会更深。

周：我在20世纪60年代念哲学系的时候，环境就已经是这样。那时候，大部分考哲学系的同学，是因为考理工科没有希望，或是在中学里当学生干部，以为学哲学就是当干部，真正喜欢哲学的很少。整个社会上关心哲学的人就很少，这和我们民族的实用品格有关，也和我们的教育有关。从传统来说，中国文化的主流是儒家文化，过于关注国家、社会、家族的层面，很少关注人的精神层面。它主张的道德，也是为社会的稳定服务的，不太关心人的精神上的提升。

济：儒家关注的是怎么做人和治理国家。

周：佛教传入中国以后，把中国人的精神层次提升了一大截。佛教对中国的儒家和道家都产生了很大影响，尤其是宋明理学，接受了很多佛教的内容。如果没有佛教，就不会有宋明理学。在中国哲学中，占主要地位的是儒家或道家，但它们有一个很大的缺陷，尤其是儒家，不思考那些终极问题，包括生死问题、心性问题。你曾经说，佛教所思考的两大问题，就是心性和生死问题。到了宋明理学，两者都成了主题。所以说，佛教让中国哲学深刻化了，更有形而上学的底蕴，弥补了中国哲学的缺陷。

济：佛教在中国流传两千多年，在此过程中，为了在这片土地生根，必然会经历一个本土化的过程。而中国文化本身非常强大，所以佛教进入中国后，首先经历了冲突期，然后再进入融合期。冲突期的主要矛盾有两点。首先，按中国的传统观念，"普天之下莫非王土，率土之滨莫非王臣"，所有人看到皇帝都要礼拜。但在印度，反而是国王看到出家人要顶礼。因为出家人是出世的修行者，是追求觉醒、解脱，传播真理和智慧的人。不论你在世间地位多高，哪怕贵为国王，也要对这些人表示恭敬。这也从一个侧面反映了印度社会的价值取向。而在中国的传统中，帝王才是九五之尊，是天下最高贵的人。关于这个问题，南北朝起就有不少高僧撰文批驳。最著名的是慧远大师的《沙门不拜王者论》，就出家人为什么不能礼拜帝王的问题，提供了很多理论依据。

周：这真是源头上的不同，一个是崇拜世俗权力，一个是敬仰精神高度。孔子在后世被尊为万世师表，可是在活着时找不到一个肯尊他为师的诸侯。古希腊的情况比我们好一些，政治领袖会把同时代的某一个大哲学家尊为老师，比如阿那克萨戈拉是伯里克利的老师，亚里士多德是亚历山大大帝的老师。不过，都比不上印度对圣者的尊敬。

济：其次是关于不孝的问题。儒家有"不孝有三，无后为大"及"身体发肤受之父母，不敢毁伤，是孝之始也"等观念，早已被国人奉为真理。而出家人不仅剃除须发，还独身无后，自然为社会大众所诟病。于是，当时的高僧大德又从佛经中找到各种依据，告诉大家，出家并非不孝，正相反，这是一种令现生乃至往昔父母都能受益的大孝。

周：这仍然是注重世俗价值还是神圣价值的区别。

济：这些理论逐渐说服了社会大众，越来越多的人开始领略到佛法智慧的高深，包括很多优秀知识分子，也逐渐接受并信仰佛教。南北朝到隋唐时期的出家人，不少是社会一流的知识分子。当时的文人士大夫，能有一位方外之交，在一起参究佛法，畅谈人生，觉得是非常荣耀的事。在经历冲突到接纳之后，佛教开始影响到中国文化的各个方面，包括哲学、艺术、文学等等。在此过程中，当时的高僧大德为了让佛教顺利发展，让人们知道佛教和儒家文化也有相通之处，会带着佛学思想去注解《论语》《易经》，乃至《老子》《庄子》等。这样一些注解，无形中把孔孟和老庄思想佛化了，他们做的其实是这么一件事。所以，说中国文化对佛教有多大影响，我觉得其实并不多。只不过说，在特定时期，为了便于国人接受，它在一些概念的表达上会有相通之处。

周：这是一个方面，是高僧大德们做的事情。另一方面，儒家的学者们也在主动地接纳佛法思想，把它融入儒家理论中，宋明理学是这种情况。

济：中国古代的哲学思想缺少完整的建构。诸子百家对某些问题有思考，但不像佛法或西方哲学，形成了完整的理论体系。

周：西方哲学和佛教，相同之处是重视本体论，对世界本体要说清楚，并且重视逻辑，而中国儒家缺少这两样东西。

济：儒家有"未知生，焉知死"之说，又说"六合之外，圣人存而不论；六合之内，圣人论而不存"，不太关注现世之外的东西。

周：智慧文化占主流的社会，在中国历史上有过吗？

济：汉魏之后，中国的传统文化主要是儒释道三家，基本可以算是主流文化。儒家比较唯物，也比较功利，对心性、生死和世界本质的思考，总体比较薄弱。关于这些问题，佛教起到了很好的补充作用。在严格意义上，单纯的儒家文化可能算不上是一种哲学。

周：不是哲学，更不是宗教。

济：只能是一种道德，一种治理社会的伦理和规则。

周：最早提出这个问题的是王国维。他曾尖锐地指出：中国没有纯粹的哲学，没有本土的宗教，只有政治学和道德学。孔子和孟子都是政治家、道德家。中国缺乏形而上层面的最高哲学，道家有一些。

济：非常简明，一条一条，并不是很系统。

周：对本体有了一种关注，提出了道的概念。

济：刚才讲到一个问题很有意思，就是诸子百家多半是为政治服务的，缺乏对生命自身的关注。

周：这是个缺陷，佛教传入后打破了这一点。但中国传统的势力还是很强大，打破得还很有限。

禅宗与净土缘何流行？

周：佛教在中国的流传，似乎遭遇了一个悖论。比如汉传佛教的八个宗派，就净土宗和禅宗比较流行，你也多次讲到这个问题，流行的原因是因为它们简化，但缺少对闻思正见的重视。其他宗派比较哲学化，但缺少修行的部分。那么，修行和哲学之间是不是很难兼顾？佛教本身好像有这个问题。

济：佛教本身没有这个问题。作为一个宗派或法门来说，应该有从理论到实践的完整体系。汉传佛教八大宗派虽然各有侧重，有的偏重教理，如唯识、华严；有的偏重实修，如禅宗、净宗。但不能说，偏重教理的就没有实修，偏重实修的就不讲教理。它们存在的问题，主要是传承过程中出现的流弊。

周：具体情形是怎样的？

济：佛教在隋唐时期高僧辈出，人才济济，所以一些宗派的修学往往起点过高。宋元以降，佛教一路衰落，也是伴随中国文化的衰落。尤其是明清之后，学佛者的总体素质很难继承如此博大的思想及高深的修法。久而久之，这些宗派就变得难以为继。佛教有句话叫"人能弘道，非道弘人"，因为法尔如是，有没有人修行都是这样，但它在世间的弘扬，必须靠实证和传播才能得以延续。相对来说，禅宗和净土看似比较简单，就逐渐成为学人的首选。但我们要知道，这种简单只是表面上的简单，你真要去领会它并不容易。且不说禅宗是直截了当的"向上一着"，就是净土法门，连玄奘三藏都称之为"极难信之法"。

周：你给学生们讲唯识论，他们中能理解的多不多？

济：唯识宗在唐朝仅仅传了两三代，就开始衰落。到清末民初，早年失传的一些唯识典籍又从海外陆续被发现并请回，刊印流通，开启了唯识宗的复兴之旅。民国高僧太虚大师就称自己是"教学法相唯识，行在瑜伽菩萨戒"。此外，还有支那内学院的欧阳竟无等人研究唯识，北大蔡元培先生也邀请梁漱溟讲授唯识，从南至北，蔚然成风。至今仍有不少佛学院在开设唯识课程，这应该和太虚大师当年的倡导有关。但佛学院的教学方式偏重知识传授，能够深入学习的人才并不多。在今天，特别需要有人把佛法精神真正领会透彻之后，按照当代人能够接受的方式表达出来。这是我们这代人要做的事。

万能的神难以成立

周：我们已经把佛学和哲学做了比较，现在来比较一下佛教与其他宗教的异同。我看过法师在这方面的论述，讲得很清楚。按照我的理解，宗教的根本目的都是要解决人生问题，给人生一个最高的指导。同时，佛教成其为宗教，是因为它和其他宗教一样，也有自己的教义、组织和戒律。那么，它和其他宗教的区别在哪里呢？

济：其他宗教往往建立一个万能的神，世界是神造的，人的命运也是由神决定的。除了神的恩赐，人是没有能力拯救自己的。而佛教否认万能神的存在，认为一切都是由心创造，由因缘因果决定的。人的身体、语言和思想行为，直接决定了生命的未来走向。修行就是为了摆脱迷惑，开发自我觉醒的力量。

周：既然如此，为什么还要修建寺院让大家去拜呢？

济：寺院最初的功能更接近学校，是出家人修行和传播佛法的道场，佛菩萨则是起到榜样、老师的作用。当然从信仰的角度来说，佛菩萨是具有加持力的。我们礼敬佛菩萨，一方面是提醒自己以佛菩萨为榜样，见贤思齐，策励修行；一方面可以通过对佛菩萨的至诚忆念，与之感应道交，获得力量。当然，佛教更强调的是依教奉行，通过学习佛菩萨的智慧和慈悲，完成生命的自我拯救。所以说，佛教是自力而非他力的，这是佛教和其他宗教的主要区别之一。

周：作为一种信仰，基督教同样也起到让人向善弃恶的作用。

济：总体上，基督教是用简单的方式在处理各种问题。只要相信万能的神，其他问题都迎刃而解了。如果一个人对生命有更多思考，这些理论显然没有太大的说服力。比如上帝也喜怒无常，还把人造得各种各样，太多的问题不容易说通。但它通过建立外在力量让人心生敬畏，并在道德层面提倡博爱、忏悔、与人为善，对民众心理健康还是有益的。

周：这是《旧约》中的上帝，《新约》不是这样，更强调精神性的信仰。在基督教看来，人的认识能力有限，靠理性不能解决宇宙和人生的终极问题，必须靠信仰来解决。

济：提出一个万能的神，似乎把很多问题解决了——因为神是万能的，那就没什么不可能。但要让万能的神成立，就存在太大的问题了。我觉得，这是一种不得已的选择，所有矛盾都落在一点上，然后回避这个矛盾——貌似采取了这样一种方式。

周：而且它告诉你，神的存在是无需证明的，你要不见而信。不但基督教，从柏拉图开始，就是这样一个传统，设定宇宙具有一个永恒的精神本质，我们靠理性无法认识，但我们的灵魂可以去寻求它，感应它，柏拉图的基本理论就是灵魂来自理念世界。后来基督教演变成整个欧洲的宗教，柏拉图起了很大的作用。

济：上帝的内涵，根据他们的需要被不断深化了。早期基督教信仰提出的耶和华，也只是一个普通的神，一个地方的神，也有喜怒哀乐，甚至有些暴力，会以洪水惩罚世人。通过哲学家和神学家们的努力，逐渐变成一个宇宙级的无所不能的神。从某种意义上说，这是一个从明星包装为超级巨星的过程。

周：你的这个说法很生动。不过，这可能是西方哲学从柏拉图以来发展的必然结果。古希腊哲学的特点就是追问世界永恒不变的本体是什么，柏拉图把它确定为一种精神性的东西，基督教把上帝的名称赋予了它。在西方传统中，信仰就是相信宇宙有一个精神性的本体。在佛教中，信仰的含义就完全不同了。

济：关于信仰，《大智度论》有两句话，叫作"信为能入，智为能度"。这就告诉我们，信仰只是入门的基础，真正解决问题，要靠生命内在的智慧，而不是仅仅靠信就可以的。对佛法义理的接受，又有"信解行证"四个阶段。从对法义的相信和理解，到通过实践，真正体认空性，才被称为证信，即证得的信仰。也就是说，随着对佛法的理解、认识和体证，你的信仰程度在不断深化，纯度在不断提升。可见，佛教信仰不是简单的相信，而是伴随着整个修行过程。

周：这个意义上的信仰，其实是一种融入血肉的人生觉悟。

人类用理性探索世界

周：我有一个疑惑。其他的宗教，比如基督教、伊斯兰教，都是有神论，信奉一个唯一的主宰神，而佛教从根本上说是无神的。但有个奇怪的现象：基督教有神却无相，上帝是没有外形的；佛教无神却有相。在历史上，起码就化身来说，佛祖是一个人，有人的外形。耶和华却不是人，没有人的外形，这可能是一个原因。耶稣也是一个人，所以教堂里有他被钉在十字架上的像。西方教堂里还会有一些圣徒的像，只是一种纪念。可是，在佛寺中会有许多不同的佛像和菩萨像，供信众烧香磕头。

济：佛教主要是否定有唯一的、万能的主宰神，但作为六道众生的存在形式，佛教的无神不同于无神论者的无神。无神论者的无神，是否定除了人类和动物以外的看不见的生命形式，比如鬼神。但佛教并不否定这些生命形式的存在，而认为这些都属于六道众生，只是另一种生命形式而已。他们也在生死轮回中，不具有主宰人类命运的能力。当然，有的神可能福报比人好一点，或是修养好一点，能力强一点，但和人没有本质的差别。而且佛教特别看重人的身份。因为人类有理性，人间有苦乐，所以会不断用理性去探索世界，追寻真理，并在思考过程中导向智慧和真理。相反，天道众生因为福报很大，就会沉溺在享乐中，没有动力改变现状，最后就是"天福享尽，必然堕落"。此外，动物太愚痴，缺乏理性思考能力；地狱太痛苦，根本无暇顾及其他。而人类既有离苦得乐的动力，又有闻思修行的能力，是六道最重要的中转站，也是我们超越轮回、改变命运走向的契机。

周：用人的眼光去看，天道里的神是什么样子的？

济：佛经中对天道的描述，是以佛菩萨的眼光去看。比如天有欲界、色界、无色界之分。欲界天的特点是充分享受欲望生活，其中又有不同层次的差别。层次越低，享受欲望的方式越粗俗，越接近人类。而色界天是享受禅定之乐，纯粹属于精神享受。无色界就更微妙了。

周：我很不理解佛教中六道和三界的说法，它们指的是什么？

济：佛教认为，人在六道和三界流转。六道是代表六种不同的生命形式，而三界则是对六道之一的天道的区分，即前面所说的欲界、色界、无色界。六道包括天、人、阿修罗和地狱、饿鬼、畜生，属于六种不同的生命形态。其中，每一道又有不同的生命层次。六道的所有众生，当这期生命结束时，会根据往昔业力，转投新的生命形态。所谓业力，就是由不同行为积累的力量。由善行积累成善业，恶行积累成恶业，进而由善业导向善道，由恶业导向恶道。所以说，任何一种生命形态，都和曾经的起心动念有关。换言之，每个心念都可能发展出一条未来道路，一种生命形态。这就需要我们做出正确选择，否则就会将生命导向堕落。但凡夫都处在无明的状态，我们因为不了解自己，就会对生命形成错误的认知模式，进而带着这种模式看世界，导致对世界的错误认识。同时，每种心理活动出现时，都会寻找它的需要，就像饥饿的人寻找食物那样。如果不能认清这些心理现象并加以选择，我们就会被这些需求左右，随波逐流，沉沦六道。从另一个角度来说，六道又是不同心理现象的外化。比如饿鬼，是贪心的无限张扬；阿修罗，是嗔心的无限张扬。

周：作为六道之一的人，我们没有体验过其他五道，也很难去证明。我的疑问是，这是不是方便说法？可不可以说，六道是一种象征的说法，活在这一道的人本身就有六种生命状态？

济：在印度传统的宗教哲学中，六道是非常普遍的认知。这是来自他们的宗教体证，是他们在禅定中观察到的。中国哲学关注的是现世，比如儒家提倡"修身、齐家、治国、平天下"，是立足于现实人生。但印度哲学重视的是实修，关注的是轮回和解脱。正因为如此，印度的宗教特别发达，古老的婆罗门教已有三千多年历史，著名的还有六派哲学等。仅释迦牟尼在世时，就有九十六种外道。这些宗教哲学的共同目标，就是对轮回做出解释，找到轮回的因果，进而摆脱轮回，成就解脱。佛陀也是走上了这样一条修行之路，不同在于，他通过寻师访道，行苦行，修禅定，不断超越当时人们认可的最高修行境界，最终在菩提树下，由正逆观十二缘起，找到了轮回的真正源头，也找到了解脱的正确途径。

佛怎么帮助人?

周:神的特征,一是能主宰人的命运,二是不生不死。佛教中讲到佛有三身,其中法身是不生不灭的,还有各种菩萨,如大家熟悉的观音菩萨,能以各种身相示现救度众生,这跟神不是很像吗?基督教相信上帝可以保佑人,佛教不相信有神,佛本身不是神,怎么保佑人?

济:从佛教角度来说,神只是一个凡夫,也有喜怒哀乐。古代宗教对人类问题的解决方式,主要有行善和祭祀等。比如婆罗门教认为祭祀万能,认为人类命运受梵天主宰,一切都可以通过祭祀解决。只要神说你有救就有救,说你没问题就没问题,是万能的。但佛教认为,并不存在万能的上帝或神灵。虽然佛菩萨也能给人帮助,但不是万能的。

周:怎么来给人帮助?

济:其实不必说神或佛菩萨,人也可以给你帮助。至于帮助到什么程度,取决于这个人的能力大小。相对神来说,佛菩萨已彻底摆脱无明,圆满开发内在觉性,有究竟的智慧。但佛教认为,再大的力量也不能代替你,只能给予正确引导和加持。至于这种引导是否有效,又取决于你的信任与配合程度。对学佛来说,虔诚非常重要。比如我们处在一个令人肃然起敬的神圣场所,会发现心一下变得清净了,可见虔诚具有自我约束和净化心灵的功能。当我们虔诚而专注时,身心容易得到净化,与法相应。有了这个基础，再依经教修行，自然能够走上生命的自觉自救之道。

周：我非常理解要靠自救，靠智慧和觉醒，但觉得外在力量还是比较神秘，比如加持到底是怎么回事？

济：如果把这个问题神秘化，就会觉得比较难懂。其实，每个人都会散发不同的精神气息，这种气息是有力量的，也会影响到他人。我们和不同的人接触，就会感受到他们身上不同的气息，有的让你安心，有的让你躁动，也有的让你恐惧。包括一些艺术品，同样会传达不同的气息。不少人看到弘一大师的字，会感受到一种安静的力量。但也有些书法作品让人心浮气躁，这就是精神力量形成的气场。当然，普通人的心力没那么强，所以传达的感觉也不是很强烈。如果一个心力超强的人，这种影响会特别明显。

周：也就是说，是寺院的整个氛围和气场对你发生了作用，而不是有一个人格化的佛或菩萨，住在我们看不见的空间里，在对你发生着作用？

济：两者并不矛盾。佛菩萨可以是一种无相的存在，也可以以各种身相出现，去帮助并救度众生。这主要看因缘，所谓"应以何身得度者，即现何身而为说法"。宇宙无量无边，在不同的维度和空间中，自然会有不同能量和类型的生命，这很正常。如果不这样才奇怪，凭什么茫茫宇宙，只有地球才存在生命？而且只有人是万物之灵，没有更高的生命形式？在这个浩瀚到难以想象的宇宙间，怎么会有我们这样一帮人出现？太不可思议，太说不通了。我们这些人莫名其妙地出现在这里，可以说有意义，也可以说根本就没有意义。

周：我承认宇宙间可能有我们不知道的生命形式，包括比人类高得多的生命形式。这样说的时候，我们是把宇宙看作一个物理空间，而兜率天之类好像不是如此。当然，宇宙是神秘的，不排除有非物理性质的空间和非物质形态的生命存在。不过，这是一个没法讨论的问题。

畏冰 摄

本体与空性

神秘的并非世界为何如此,而乃世界竟然如是。——维特根斯坦

无一众生而不具有如来智慧,但以妄想颠倒执着而不证得。——《大方广佛华严经》

理性不能抵达真相

周：我的博士论文是研究尼采的。尼采思想是西方近现代哲学的一个重要转折，他的思想中有相当一部分印证了佛教的真理。西方哲学探究世界真相的途径是形而上学，就是探究有形事物背后的无形的东西，可变现象背后的不变的本质。从柏拉图开始，西方哲学认为我们看到的现象世界是虚幻的，背后有一个真实的本体，哲学的使命就是要找到这个本体。尼采对这个思路做了系统的批判。其实这个批判是从康德开始的，康德指出，人类不可能脱离固有的认识能力去认识事物，因此所认识到的永远是现象，不可能认识现象背后的本体世界。这在西方哲学中是一个革命性的看法，所以康德被称为哲学领域的哥白尼。到尼采就更进一步，指出现象背后并没有一个本体世界。最有意思的是，他论证了这个本体或实体的概念是怎么产生的，我们首先错误地理解了自己的内心世界，为它设定了一个不变的实体即"我"，而本体概念其实就是把这个"我"外推到世界的产物。他的这个观点和佛教的"无我""无自性"非常一致，但是比佛教晚了两千年。

济：我最近和科技大学的朱清时校长交流过。朱校长随南怀瑾学习禅修多年，一直在探索佛学，他曾写过一篇《物理学步入禅境：缘起性空》，认为现在的科学发现正在不断接近佛学对世界的认识。

周：佛教是最早提出无自性的。世界没有一个永恒不变的本体，现代哲学和科学都在靠近这个观点。两千年的西方哲学一直在搞本体论，到了康德以后，基本否定了这条思路，反本体论成了主流，世界只能作为现象而存在，背后没有本质。这是在向佛教靠拢，所以佛教从哲学上说也是非常厉害的。

济：人类认识世界的程度，取决于自身的认识能力。如果这种能力来自经验，因为经验是有限的，由此而来的认识也必然是有限的，无法直接抵达无限。但从佛法角度来说，众生本来就具有究竟圆满的智慧，只是在现有生命状态下隐没不见，需要通过一些特殊手段将它开发出来。一旦开启这种智慧，就能遍知一切，无有遗余。因为心的本质就是宇宙的本质，认识心的无限，也就认识宇宙的无限。

周：通常认为，19世纪后西方哲学已经走入死胡同，被称为哲学的危机，或形而上学的危机。也就是说，他们已经认识到，有限的理性无法认识无限，但又没找到别的手段，所以陷入危机中，不知该怎么办，最后只能依靠信仰。你就相信上帝吧，上帝是无限的，最后是这样的思路。20世纪的西方哲学家，要么走向宗教，要么走向诗性的体验，比如海德格尔。或者干脆放弃本体论，不谈无限，只探究有限，比如语言问题、社会问题。

济：佛法给人们留下了希望。

周：但是，如果说迷惑是把世界的假相认作真相，这是自我对世界的错误认识，那么，正面的东西是什么？世界的真相到底是什么？把假相去掉了，显现的真相是什么？

济：如何透过这样一个假相来认识世界真相，是佛法修行的核心所在。通常，我们是靠理性来认识世界，但理性是由文化、教育、思维而形成，是有限的，无法直接通达实相。所以佛法讲到实相时，要超越二元对立。比如《六祖坛经》讲到"不思善，不思恶"，在一念不生之际回光返照，才能顿悟本心，彻见实相。而在思维或意识层面得到的所有认识，其实都是思维制造的影像，并不是真相。佛法修行的根本，是帮助我们开显自身本具的觉性。有了这样的智慧，才能摆脱认识上的一切迷惑，通达实相。

周：理性所认识的都是现象，没办法认识到世界真相，这个观点，西方哲学已经达到。而之前两千年的西方哲学，一直在做一件事，就是想用理性去把握世界真相，最后发现此路不通。所以基本达成了一种共识，就是不可能靠理性去把握世界真相。更进一步，像尼采提出的，世界根本就没有真相，只存在现象世界，认识就是解释。佛教认为世界是有真相的，这个真相不是本体，也不能靠理性来认识。我很不清楚的是，怎么来表达这个真相。

你说空性，但空性是什么？老子的"道"是不是与此相似？

济：老子讲的"道"，在表达上比较模糊，属于推理还是体悟，不得而知。另一方面，他没有提供修证的途径。而佛法是可以实证的，不仅有关于空性的理论，还提供了具体的修证路径。佛法修证的核心，就是通过闻思了解空性，进而通过禅修体证空性。然后进一步作空性禅修，以此清除生命内在的无明。所以佛法修行会有资粮位、加行位、见道位、修道位。见道，就是见到空性。但见道之后还要修道，依空性禅修，才能通达圆满的智慧。

空性不可言说

周：佛教说四大皆空，一切法空。这个空，是否就是说一切都是现象，世界没有实体、没有本质？

济：佛法认为，世界的真相就是空性。但要知道，空性并不是空。我们谈空说有，都是在相对层面的表达方式，没有离开二元对立，而对空性的认识要超越对待。《庄子》也讲："道在蝼蚁，道在瓦砾，道在屎尿。"道是遍一切处的，因为一切法都蕴含着空性。但是，怎样才能认识空性？还是要透过现象去认识。关于这个问题，龙树菩萨提出了二谛的世界观。所谓二谛，是把人对世界的认识分为世俗谛和胜义谛。胜义谛就是实相，也就是空性。要通达空性，首先要正确认识现象世界。否则，就会被错误认知制造的迷惑所障碍，无法抵达实相。

周：对现象世界的错误认知，执着于假有，会使我们无法抵达空性。但是，去除这个错误认知，就能抵达空性了吗？所能抵达的空性到底是什么，可以用语言描述吗？

济：空性超越理性认知的范围，也超越语言可以表达的范围。关于空性，可以说"唯证乃知"，但无法具体描述。因为任何正面的描述都是片面的，容易让人产生误解甚至执着，所以，佛经中更多是采用否定的方式。《心经》二百多字，"空、不、无"有好几十个。就是用否定的方式告诉我们：这个不是，那个也不是。通过否定错误认知，开启智慧的真知。

周：道也是这样，所以说：道可道，非常道。那么，只能去体悟，或者说去实证？

济：凡夫是很容易著相的，而我们的语言离不开二元世界，也就是说，所有表达都会偏向一边。当我们说到"空"的时候，你会以为是什么都没有。事实上，空性不是什么都没有，那是断见。当我们说到"有"的时候，你会觉得那是一个真实的存在，又会落入常见。所有这些角度，用二元世界的语言来表述，都会留下这样那样的弊端。无论说些什么，都可能让人执着什么。其实，我们是有能力通达空性的，因为这种智慧是我们本来具足的。为什么现在不能认识？就是因为有错误认知的障碍。只要扫除这些错误，智慧就显现了。但我们不要觉得，有一个叫作"空性"的实体存在，那又不是了。正如禅宗祖师所言，"说似一物即不中"。或者是,"无物堪比伦,教我如何说"。

周:空性是超越于有、无的,万物由因缘所成,本身无实性,所以不能说是有,又因为由因缘所成,就有了一个现象世界,所以也不能说是无。是这样吗?

济:是的。认为因缘所现的世界会永久存在,是一种叫作"常见"的错误见解。认为世间万物都是空的,无因无果,人死如灯灭,是一种叫作"断见"的错误见解。

周:就好比做梦,不能说梦是有,也不能说梦是无。世界就是一个梦,就把它作为梦接受下来,不要求其真,也不要说它假,取舍都是虚妄,要离分别相。

济:所以,佛法主张"中道"的正确见解。

周:空性只能体证,不能用常规的认识,因为一认识又落入了理性的限制。

济:智慧对空性的体认,不是甲与乙的关系。我们通常的认识,是一种甲认识乙的关系,即能和所,主观和客观,但智慧和空性不是两个东西。

周:如果一定要用语言来表述,是不是可以说,空性就是无自性?

济:了解到一切现象的无自性,是通达空性的关键。同时也唯有通达空性,才能真正体会到一切法无自性。

周:这可能是佛教和其他宗教或传统哲学的根本区别。其他宗教和传统哲学都认为,世界可以追溯到一个本原,比如上帝或原子。但佛教认为，无论物质还是精神，都是没有本原的。

济：佛教以缘起看世界，认为不论心和物，都是相互依赖的，没有不依赖条件的独立存在。区别只是在于，心有能动性，而物质没有能动性。人可以主动改变世界，而物质虽然也能影响我们，但这种影响是被动而非主动的。所以佛法认为，改变世界必须从自己的心下手。

周：对本原问题我还有一个疑惑。无论西方哲学也好，基督教也好，之所以要给世界设立一个本原，是觉得没有这个本原就不踏实，就虚无了。对于这样一种需要本原的心理，佛教是怎么解除的？

济：佛教虽然不讲本原，不讲灵魂，但并不影响生命的延续。佛教认为，生命是相似相续、不常不断的。它既不是永恒的，也不是人死如灯灭般的虚无。过去的经验会累积为现在的生命状态，现在的生命经验又能成为推动未来生命的力量，是这样的关系。

佛教的认识论

济：印度佛教特别重视思辨，用因明层层阐述。西方逻辑是从大前提、小前提到结论，但大前提往往属于假设，是不可论证的。上帝创造万物，但上帝不可论证。如果否定这个大前提，别的内容就无法进行了。

周：对，三段论，如果要证明大前提，就要往前推，又有一个新的三段论。推到最初，上帝是第一个大前提，只能相信，无法论证。

济：佛法不是这样的。它先是抛出一个论点，接着提出论证。比如论点（宗）：声是无常。然后提出成立的理由（因）：所作性故。再举例（喻）：若是所作见彼无常，犹如桌子；若非所作，见彼是常，犹如虚空。"宗因喻"为三支比量，通过正确的推理、严谨的规则，保证论点的成立。不存在不可论证的大前提。

周：佛教的逻辑是因明吗？

济：因明属于古印度的尼迦耶学派，佛教继承这一思辨方式，以此作为认识论。

周：佛教的认识论是最博大精深的，没有一种哲学比得上。在认识论方面，好像又是唯识最为完备，是不是这样？

济：大乘佛教有三个体系，即如来藏、唯识和中观。每个体系和宗派都有不同的重点。

周：中观的重点是什么？

济：中观讲缘起性空、无自性空。通过对现象的分析和解构，帮助我们认识存在的本质，认识到一切都是条件的假象。除了条件和变化，根本找不到独存不变的自性（本体），从而瓦解我们对各种现象产生的自性见。从中观思想来看，任何自性见都会让我们陷入二元对立的世界，成为轮回的基础。唯有摆脱自性见，才能超越二元对立的束缚，通达空性。

周：中观的主要经典是什么？

济：我们熟悉的《心经》《金刚经》《般若经》等，都属于中观的重要经典，也是汉传佛教地区流传最广的典籍。另外还有龙树菩萨的《中论》《十二门论》《大智度论》，提婆菩萨的《百论》等，针对当时思想界流行的各种自性见，从缘起无自性的角度逐一击破，所向披靡，建立了般若中观的修学体系。后来传到中国，形成了中国的三论宗。

周：如来藏系统的重点呢？

济：如来藏的思想则说明，每个众生都有觉悟本性，又称佛性。在佛性层面，众生和诸佛都是本来具足的，没有差别。禅宗即立足于如来藏的见地，直接告诉学人：你就是佛，只要当下承担，把佛性开显出来，就能在根本上解决一切人生问题。而要认识觉性，必须摆脱对现象世界的错误认知和执着，否则就会卡在二元对立的世界，不得自在。不同人有不同的障碍，哲学家卡在各种思想里，凡夫卡在名利、地位、身份、观念、情感等种种执着中。

周：怎么破除这种执着呢？

济：中观的对治方法是，你卡在哪里，它就从哪个地方入手，告诉你不是那么回事，是你自己制造的障碍把自己卡住了，此外没有什么在束缚你，进而各个击破。只有把卡住你的东西解开，你才可能回归觉性，回归无限的状态。所以，中观的主要手段是破，甚至破而不立。立足于如来藏见地的禅宗法门，有时会用机锋棒喝,破除学人的执着;有时会直指人心,让人直下承担,体认觉性。

周:那么唯识在觉悟的过程中,又起到什么样的作用呢?

济:唯识是解决认识和存在的关系,告诉我们:心灵世界是怎么回事?心和世界是什么关系?唯识是立足于妄心来阐述各种心理现象和修行原理,更接近常人的认知模式,和心理学也有相通之处。总之,三个系统各有侧重,也可以是互补的。我有时把这三方面串通起来说,这样有延伸的空间。

周:整体上说,佛教的认识论是怎样的?

济:唯识学非常重视认识论,认为我们对世界的认识程度,就取决于我们有什么样的认识。佛教把认识称为"量",有现量、比量和非量之分。现量,在时间上指现在,空间上指眼前,而且这种认识尚未介入思维和概念,是对境界的如实呈现。一旦介入思维或概念,就属于比量、非量而非现量的范畴。在唯识学中,前五识和第八识是现量缘境,第六意识也有现量的成分,体认空性也是现量。比量,指正确的推理,唯识学是通过宗、因、喻三支比量来完成。其中,宗的建立要离九过,因要离十四过,喻要离十过。通过严谨的推理和思辨,建立正确认识并教化他人。非量属于错误的感觉或推理。人虽然活在共同的世界,但其实是活在各自的认知模式和需求模式中。如果这两个模式有问题,生命就会在延续过程中不断制造问题。所以,改造生命要从改造认识模式下手。

以佛法智慧来看,我们的感觉和推理都没有离开迷惑的妄识，但佛法也告诉我们，每个人都具有觉悟的潜质、无限的智慧，是有能力认识世界真相的，关键要接受智慧文化的传承。佛教各宗派的思想，首要任务都是树立正见。如声闻经论讲有漏皆苦、诸行无常、诸法无我；大乘经论讲缘起无自性、诸法唯识，乃至一切众生都有佛性，都是帮助我们建立对世界和人生的正确认识。同时，佛法还重视止观禅修，通过禅修，将通过理性、推理获得的正见转化成观智，从而平息妄识，超越认识的有限性，通达空性，成就解脱。

唯识的三性理论

济：唯识以三性的理论，将我们对世界的认识分为三个层面。一是遍计所执相，是由错误认识显现的境界，包括对自我及世界的错误认知和执着。这种境界感觉上有，而事实却是没有的。二是依他起相，即条件具备、如实显现的现象和关系，由能认识的见分和所认识的相分组成，是假有的。三是圆成实相，指一切现象的真实本质，即真如、空性，这是般若智通达的范畴。唯识学认为，只有树立正见，开启智慧之后，我们才能摆脱遍计所执相，正确认识依他起相，进而通达圆成实相。否则，我们永远都是戴着有色眼镜，活在自己的错觉中，看不到世界的真相。

周：这三个层面——遍计所执、依他起和圆成实，可以详细阐释一下吗？

济：第一层，是呈现在我们现有认识上的世界。包括看到、听到、接触到的一切，我们以为是客观、真实存在的，其实只是我们的错觉而已。就像戴着有色眼镜看世界，我们自以为看到的一切都是真实，其实根本就不是那么回事，这叫遍计所执相。

周："遍计"是周密思量，它其实是在概念和情绪的支配下进行的，而"所执"就是认定这样得出的认识是事物的真相。

济：关于遍计所执，唯识学有个经典的比喻。说有人晚上走在路上，看到一根绳子，却误以为是蛇，产生了许多错误的想法和烦恼。其中，绳子指依他起相，是客观存在的现象；蛇代表遍计所执相，是主观错觉的显现，其实是不存在的，就像那个杯弓蛇影的典故一样。但我们因为看不清世界的真相，执着本来没有的东西，衍生了无数烦恼。

周：遍计所执是对现象的错误认识，是完全主观的。去除了这个错误认识，就能认识世界的真相了吗？从遍计所执到圆成实，中间还有一个依他起，它起什么作用？

济：依他起相是各种条件形成的现象世界。当我们认识到"蛇"并不存在，进一步还要看到"绳子"也是因缘假相而已，是一堆稻草编织而成的。而所谓的稻草，也无非是一些条件的组合。通过这些分析，可以避免我们对缘起现象的错误设定和执着。从遍计所执相进入依他起相的层面，首先要建立正确认知，了解依他起的世界是怎么回事，认识和所认识的世界是什么关系。当我们建立对现象世界的正确认识之后，依此正见禅修，就能清除错误认识及由错误认知形成的烦恼，从而开启智慧的真知。

周：依他起是相对客观的世界吗？

济：依他起相，是没有被错误认识的情况下，所呈现的现象世界，是相对客观真实的。

周：从依他起到圆成实又是怎样的过程？

济：当我们的内心不再陷入错误认识时，智慧自然就能显现。因为这种智慧是我们本来具足的，不是像学知识那样，有个积累的过程。只要把遮蔽智慧的障碍去掉，它就会显现出来，就能认识到现象世界的空性本质，即圆成实相。

世界有没有一个本相？

周：我想把唯识的三性理论和西方哲学做一个比较。康德以后，西方哲学谈到现象世界，有两个含义：一个是呈现在我们认识中的世界，相当于遍计所执；另一个是处在互相关系中的世界，一切事物都不能独立存在，只能由它和其他事物的关系来定义它是什么，相当于依他起，即缘起的现象世界。但是，谈到这二者的关系，好像和佛教有一个很大的不同。现代西方哲学强调，离开我们的认识就没有关系，事物之间的关系是我们从一定角度去认识才存在的。如果没有一个认识者，没有一个认识的视角，事物之间就不成其为关系。从不同的视角去看，事物之间的关系也不同，这里有一个透视原理。这实际上就是说，现象世界不能离开认识而存在，依他起不能离开遍计所执而存在，两者是二合一的东西。当然，西方哲学也承认认识有正确和错误之分，比如培根说的各种假象，以一概全的逻辑错误，这个意义上的遍计所执是要否定的。但是，不论正确还是错误，是认识就是主观的，不存在绝对客观的认识。如果没有认识者，也就不会有现象世界。所谓现象世界，归根到底就是呈现在我们认识中的世界。世界对于我们来说只有一种存在方式，就是呈现在我们的认识之中，不可能以任何其他方式存在。由此就有了进一步的推论：只存在现象世界，不存在本体世界。你只要一认识就是现象，就不是本体。所以，不存在一个所谓的世界本相。现代西方哲学反形而上学，反的就是这样一个世界本相。在这个意义上，它好像是否定圆成实的。佛学最早反形而上学，但认为世界有一个本相，西方哲学没有这个东西。

济：从唯识的角度来说，我们认识的世界，没有离开我们的认识。唯识学否定遍计所执相，是要否定我们对依他起相的错误认识，建立对依他起相的正确认识。而依他起相的存在也是由认识和所认识组成，本身没有离开认识。所以，唯识学并不认为具有独立在认识以外的现象世界，这也是"诸法唯识"这一理论成立的关键。

周：这么看来，在否认有不经过我们认识处理过的客观世界这一点上，佛学和现代西方哲学是基本一致的。

济：另外，关于遍计所执相和依他起相的关系，首先要知道，依他起相分为染净二种：杂染的依他起相没有离开遍计所执。凡夫不能正确认识依他起相，产生遍计所执相；因为遍计所执熏习杂染有漏的种子，成为未来依他起相生起之因。而清净的依他起相是源于正确的认识，无漏的种子，与凡夫的遍计所执是不相关的。

周：用哲学的语言说，遍计所执是受欲念、偏见等等支配的错误认识，现象世界在这个错误认识中呈现，就是杂染的依他起相。去除这个错误认识，现象世界在正确认识中呈现，就是清净的依他起相。但是，什么是判断认识正确和错误的标准，也是一个难题，因为现象世界本身有待于认识，不能提供这个标准。为了解决这个难题，尼采从认识之外寻找标准，这个标准就是效用。他认为，认识就是解释，评判一种解释的好坏，就看它是使生命向上还是向下。

济：至于对圆成实相、真如的认识，唯有开启根本智才能通达，不是有漏意识可以认识的范畴，也是理性无法抵达的。

周：空性是圆成实吗？圆成实是怎么回事？

济：唯识学认为，透过差别现象，一切法还有平等、无差别的空性本质。《解深密经》说到胜义空性有四个特征：一、超越语言和二元对立，二、超越理性思维，三、与现象的关系不一不异，四、遍一切一味相。事物的存在是个体现象，而空性是整体、共相，所以"一"才能和"一切"联系起来。换言之，宇宙中任何一个点，都可以和整个宇宙联系起来，因为它们有共同的实相。如果没有内在联系，就不可能形成这种关系了。《华严经》说"一即一切"，告诉我们，每个"一"都蕴含一切。因为每个"一"的当下是无限的，当然这种认识必须建立在空性慧的基础上。唯有开发出内在觉性，才有能力通达。所以，能不能见到实相，是取决于我们的认识能力。人总是活在自己的经验中，活在有限的认识中，而有限是不能认识无限的。唯有开启无限的智慧，才能通达无限的空性。

周：就是说世界有一个本来面目，有一个本相，即使世界上任何人都不具备认识它的智慧，它的本来面目仍然是这样的，仍然是客观存在的，对吗？

济：对。佛经中说：不管佛陀出世或不出世，它都是这样。

周：如果本相是指世界的整体，由一和一切的关系组成，这个观点很有意思。宇宙中的每一个点，都和其他无限的点有联系，由此组成一个完整的宇宙。这个观点从西方哲学来说，是很晚才达到的。尼采说，我们怎么来描述这个世界呢？这个世界有无数的点，其中每一个点都和其他无数的点发生联系，因此，世界就是关系世界，是每一个点与其他一切点的关系的总和，实际上是无数的点与无数的点之间关系的总和。

济：宇宙中任何一个点为什么能和整个宇宙发生联系？凭什么这么说？华严宗对这方面阐述得特别清楚。华严宗有个祖师叫杜顺大师，唐朝人，专门写过《华严五教止观》，说明宇宙中任何一个点为什么能和整个宇宙发生联系。他的观点是"理不可分割",即每个现象的当下,都蕴含着空性的"理"。这个"理"是不可分割的,所以任何一个点都能和其他的点连在一起,同时也蕴含宇宙的一切。如果可以分割的话,就各是各的了。

周:好厉害啊。德国哲学家莱布尼兹提出单子论,说宇宙是由单子组成的,每个单子都是一个小宇宙,都反映了宇宙的整体状况。和杜顺的说法有一点相似,但比他晚多了。

潜意识的力量

周:在佛教中,唯识宗对认识问题有最详尽深刻的阐述,我是读了你的著作《认识与存在》才有所了解。唯识学讲到八识,前五识是五种感官,第六识是意识即概念思维,最有意思的是第七识末那识和第八识阿赖耶识,深入了潜意识领域,是唯识学特有的。

济:唯识经论详细阐述了意识和潜意识,以及认识和存在的关系。要去探讨认识是怎么产生的,它的源头在哪里,自然离不开阿赖耶识。阿赖耶识就像生命的海洋,储藏着我们无始以来的生命经验,包括各种各样的心理力量。这些经验和力量又称种子。当种子产生作用时,就构成了我们的认识和所认识的世界。同时,阿赖耶识也是生命的载体,是不常不断,相似相续的。前六识的活动，无论眼、耳、鼻、舌、身还是意识，都受到客观条件的限制，在某些时候是不产生活动的，但我们的生命还在延续，就是因为阿赖耶识在执持，从无限的过去，一直延续到无尽的未来。

周：阿赖耶识是生命的海洋，那么，对于每个个体来说，互相之间是有一个共同的阿赖耶识，还是每一个个体有特定的阿赖耶识？

济：每个生命都有它的阿赖耶识，而第七末那识是潜在的自我意识。我们之所以会有自我意识，根源就在于第七末那识执阿赖耶识为"我"。这种执着又来自根本无明，因为无明，使它把阿赖耶识当作永恒，始终不渝地执着这个自我。第七末那识和第八阿赖耶识属于潜意识的范畴，而我们能感受到的所有心理活动都属于意识层面。那么意识和潜意识是什么关系呢？一方面，意识活动的所有资料都是由阿赖耶识提供的；另一方面，前六识在活动过程中又受到末那识的影响。这是一种潜在的俱生我执，使意识在活动过程中，时时都以自我为中心。但真正在生命舞台上产生作用的，主要还是前六识，尤其是第六意识。所以，修行也要从六根门头下手，从第六意识下手。

周：意识是前五识与七八二识的结合点，一方面通过感官接受外部世界的印象，形成观念；另一方面受无意识中无始以来积累的心理力量的支配。关键好像是后者，要把这种在无意识中起支配作用的力量在意识的层面上加以认识和破除。

济：阿赖耶识有几个作用，一是种子，即作为各种心理活动生起的基础。二是作为轮回的载体,即贯穿生命延续的纽带。比如你这一生和来世是什么关系?其中有一个连接的纽带。生命形式会改变,但纽带贯穿始终。关于这个问题,经常有人会说:"前世的那个人和我有什么关系?"或者,"我怎么知道来生会成为什么?为什么要为他负责?"轮回中,我们的生命形式在不断改变,在这些改变中,是否有一个相对不变的东西?如果没有这个相对不变的,我现在干的坏事谁来买单?就存在这个问题。

周:所以我就想问一个问题:阿赖耶识和灵魂有什么区别?为何佛教否定灵魂的存在?

济:灵魂是固定不变的实体,而佛教对生命的认识是缘起论。也就是说,一切现象都不是固定不变的存在。我们所做的一切会形成业力,这是推动生命流转的力量,也是决定未来去向的力量。但这种力量会随着行为、语言和心念不断发生改变。佛经中,经常以流水来比喻我们的生命。《唯识三十论》中,形容生命是"恒转如瀑流"。恒,说明它是相续不断的;转,说明它不是恒常不变的。也就是说,生命延续是相似相续,不常不断的。这也是佛经经常用到的概念。相似相续,说明之前和之后有一贯性。虽然你看不出什么变化,但这一贯不是完全一致,而是时时都在变化。就像河流,刹那都在流动,每时每刻都不是刚才的河流,但在我们看来,它又似乎没有任何变化。正因为生命不是固定不变的,所以我们才能通过修行不断改变它的内涵,从而完成生命的转依,那就是——转迷为悟,转染成净,转识成智。

周：不过，在一定意义上，基督教也相信灵魂是可以改变的，通过在人世间的修炼，它的去向是不一样的。在这一点上，它和种子有些相似，就是受到现行的转化，你现在的行为会改变灵魂的品质。如果不是这样，信仰和修身就没有意义。

自我与无我

成为你自己！你现在所做、所想、所追求的一切，都不是你自己。——尼采

如来说有我者，即非有我。而凡夫之人，以为有我。——《金刚经》

不要一辈子为身体打工

周：西方哲学特别强调自我，而佛教的基本理论是无我，这是一个很大的区别。

济：世人都很执着这个"我"，所有其他宗教也认为有一个所谓的"我"，但佛法认为，我们所认定这个"我"，其实是个假我，是一个错误设定。佛法以缘起的眼光看世界，认为一切有为法都是无常、无我、无自性空的。

周：这是佛教很特殊的地方。

济：关于无我，理解起来会有一点困难。因为我们平时都生活在自我状态中，现在说到"无我"，很多人会不解：那"我"算什么呢？事实上，无我并不是要否定这个生命现象的存在，而是要否定对"我"的错误认定。比如我们把身体当作是"我"，把身份、地位当作是"我"，但所有这些和生命只是暂时的关系，是来自后天的自我设定，并不是真正的"我"。但因为我们把这些当作是"我",就会产生贪著,遮蔽对生命真相的认识。佛教所说的"无我",是要否定那些对自我的错误认定。只有否定之后,才能看到"我"的本来面目。

周:什么才是"我"的本来面目?

济:我是谁?这是一个很有意思的问题。从佛法角度来说,我们现在认定的"自我",其实是一种错觉。我们每天都在关注自我,但是否想过:究竟什么代表着"我"?我们一定以为,这个答案是显而易见的。其实深究起来,我们会发现,这个回答充满着不确定性:或者觉得身体是"我",或者觉得身份是"我",或者觉得想法是"我",或者觉得情绪是"我",诸如此类。事实上,我们认为是"我"的这些东西,都是经不起推敲的。因为这些东西和我们只有暂时的关系,即使这个须臾不离的身体,也不过是今生暂时的依托。当这个身体尚未出生或已败坏时,"我"在哪里?

周:在所有的认定中,"身体是我"是最牢固的认定,因为没有了身体,也就没有了今世的生命,没有了今世的"我"。

济:所以说,这种对"我"的认定,只是盲目的、一厢情愿的附会。如果把这种暂时的关系作为"我"的存在,我们就会对此产生深深的依赖,乃至永恒的幻想,痛苦就随之而来了。把身体当作是"我",就害怕这个身体的死亡;把身份当作是"我",就担心这个身份的失去。包括这样那样的情绪:我在生气,我在沮丧,我在痛苦……但情绪又是什么呢?就像身上长了一个肿瘤,虽然和我们有关,但并不能真正代表"我",更不能说这个肿瘤就是"我"。我们之所以会被情绪所控制，就因为把情绪当作是"我"。然后还会找很多理由，让这些情绪合理化。其实，不过是你被控制了而已。

周：你说的这些都不是自我，我觉得是好理解的。第一，外在的身份、地位、家庭关系都不是自我。第二，自己的情绪和观念也不是自我。所有这些东西实际上遮蔽了自我。那么，把这些东西去除之后，还有没有自我？还剩下了什么比较肯定的东西？

济：生命有两个系统，一是迷惑的系统，二是迷惑系统背后的觉悟本性，禅宗称之为"本来面目"。所以，禅宗修行让你去探究"一念未生前是什么"，探究"父母未生前的本来面目"。而凡夫是活在念头中，地位也好，身份也好，情绪也好，都是代表不同念头建立起来的需要或认定。从佛法角度来看，这种状态就像"认贼为子"。在无尽轮回中，烦恼不断给我们制造痛苦，是我们的冤家仇敌。但我们因为看不清，反而将之当作儿子般呵护备至，满足他的一切要求。我们看不清烦恼和"我"的关系，也看不清身体和"我"的关系。很多人一生都在为这个身体打工，活着是为了生存，生存是为了活着。如果我们的存在就是为这个身体服务，这种存在其实是没有价值的。所以佛法认为，身体只是一个使用工具，借助它，可以使我们闻思佛法，修行证道，实现生命的真正价值。

周：无论是佛教、基督教，还是大多数哲学家，在这个价值判断上是共同的，就是内在的东西比外在的东西重要，心灵比身体重要。在把这些外在的东西去掉以后，内在的东西是什么？一辈子为身体打工很糟糕，身体是工具，它是什么东西的工具，它应该为谁打工？人们把非我当作"我"，我们要否定的是非我，而不是"我"。那么"我"是什么？无我的"我"不是我的"本来面目"，本来面目是什么？

济：无我，主要是否定对自我的错误认定。我们把自己设定的一些东西当作"我"的存在，当作"本来面目"，就使我们迷失得越来越深。只有去除这个错误设定，我们才有能力了解自己的本来面目。

周：但我们还要追问，真正的"我"是什么？我的理解是，佛教实际上是否定这个真正的"我"的存在的。"我"没有实体，诸法无我，包括你这个个体，是没有内在的、永恒不变的本质的。很多人迷恋自我，觉得这个"我"是天下最重要的，其实这个东西是非常偶然的，按照佛教的说法，就是因缘而起，因缘而灭，没有自身的本质。这里特别关键的是，从根本上否定"我"，所谓的"我"只是一个偶然造成的现象。对这个观点，一般人在感情上是无法接受的，这个道理我懂，但我也无法接受。

济：可以从两个层面来说。从缘起现象的层面，佛教讲无我，是要否定在五蕴的生命现象中有个恒常、不变、主宰的自我。至于缘起的"我"，并不是佛教要否定的。这个因缘和合形成的生命体，会无尽地延续下去，但不是固定不变的。

周：对于生命这种无尽的延续，佛教是不否定的，但从价值观上是否定的，目标是断轮回。

济：佛教虽然在价值观上否定轮回的自我，但唯有认识到缘起假我的虚幻性，才能走出我执的误区，认识生命的本来面目。另外，我们对事物的认识深度，是取决于我们的认识能力。我们有什么样的智慧，就会认识什么样的境界。认识"本来面目"是有前提的，那就是证得空性。如果没有这个智慧作为前提，不论你觉得怎样，其实都不是"本来面目"，还是你自己制造出来的一个东西。换言之，你的认识模式决定你能看到一个什么样的世界。所以，佛教特别重视对认识的修正。

周：证得的本来面目能不能叫作"我"呢？

济：佛教中不会用"我"的概念来表达，而是说佛性、觉性、本来面目，因为用"我"很容易产生误解。凡是意识去认定的东西，我们认为是"我"的东西，事实上都不能代表"本来面目"。

周：按照我的理解，空性归根到底是对"我"的否定。当然，这个"我"是"小我"，所以空性也可以说是"大我"。

自我观念的来源

周：我读你写的《认识与存在》，感到唯识对我执的根源有深刻的剖析。其中谈到，第八阿赖耶识包括"相分"和"见分"，"相分"为宇宙器界根身，"见分"为有情生命主体，后者被第七末那识恒审思量，执以为我，由此形成有情的自我意识及自他区别。简言之，是末那识把阿赖耶识执以为我。这个分析十分微妙。

济：第七末那识的特点是向内认识，然后影响意识的活动。向内认识就是以阿赖耶识作为它的所缘对象，把阿赖耶识当作恒常不变的实体。事实上，这是一种误解，是因为无明、看不清而造成的误解。世间万物时时都在生灭变化中，但因为我们看不到这个层面，就误以为它是恒常而持久的。末那识也是同样，因为看不清阿赖耶识的相似相续，就将它执以为我，并建立俱生我执。这种潜在的俱生我执时刻都在活动，所以就影响到前六识，形成以自我为中心的意识。

周：阿赖耶识是无始以来的生命之流，末那识认定它是不变的自我，人出生之时，这个认定就存在于无意识之中了。人不知不觉地带着这个认定去看一切，就在意识中也形成了自我中心主义。这个解释很有意思，它说明了为什么一切众生会执着自我，因为这种执着是与生俱来的。

济：但究竟什么代表"我"呢？我们每天都在说到"我"——我想，我要，我高兴，我痛苦；无论拥有什么，都把"我"的标签贴上去。为什么会这么执着？因为"我"是虚构的，没有实际内涵的，所以人们就要不断地肯定自己，找到存在的真实感。现在有个词叫作"刷存在感"，这也是一种寻找"我"的方式——通过各种表现让大家看到"我"，以此证明"我"的重要性。从佛法角度来说，"我"的存在只是一个概念、一种感觉。我们往往会觉得，名字代表"我"的存在，相貌代表"我"的存在，身体代表"我"的存在，身份代表"我"的存在，想法代表"我"的存在。某天很生气，觉得生气代表"我"的存在；某天很开心，又觉得开心代表"我"的存在。诸如此类，是不是这样？

周：这很有道理，但又很费解。情绪和认知，以及外在的地位、利益之类，这些东西都是虚幻的，稍纵即逝的，这很好理解。可是，"我"有一种延续性，这种延续性从何而来？一个人从生到死，他的身体、情绪、行为等等不断变化，但总有个主体在那里。什么东西在变？我们只能说是"我"在变。三十岁的我是"我"，六十岁我也还是"我"，从小到大，不管年龄怎么变化，仍然是这个"我"，这个始终存在的"我"到底是什么？我们看重的正是这种延续性，我不会感觉"我"是一个别人，我们因此才会认真对待自己的生命，这个东西怎么破除？

济：我们感觉有一个"我"，事实上，这个感觉的对象也在不断变化。你三十岁的想法和现在的想法，三十岁的身体和现在的身体，三十岁的人际关系和现在的人际关系，可能都不一样。但"我"的感觉具有延续性，所以把它串通起来。就像一个河床，把时刻变化、不舍昼夜的流水汇聚成了河流。

周：这种延续性的来源是什么？

济：延续性其实是一个感觉，来自潜意识，也就是末那识。因为末那识的作用，使意识源源不断地产生一种自我感，然后依托不同的载体呈现出来。感觉需要有依托，这种自我的感觉，有时来自身体，有时来自想法，有时来自情绪，有时来自身份。事实上，这些感觉依托的基础在不断变化，所以感觉本身有很大的错觉成分。当我们把感觉依托在某个事情上，就会不断地强化它。感觉身体代表"我"的时候，会对身体的各种表现格外注重，从内部调理到外在修饰，忙得不亦乐乎。

周：可是，我不会把另一个人感觉成"我"，其中的界限在什么地方？为什么我会把那个明明知道在不断变化、很可能已经面目全非的自己仍然感觉为"我"，而不会把别的任何一个人感觉为"我"呢？

济：很多东西是培养起来的。我们从出生以来就执着这个身体，把它当作是"我"，其中有错误的认定因素，也有习惯的因素。也就是说，凡夫因为无明的关系，对身体等对象一旦产生自我的认定之后，就会形成依赖；因为习惯于这种依赖，理所当然地就会把身体等执以为我，而非其他。

自我像一个皮包公司

周：我觉得我的疑问还没有解决，把对"我"的错觉排除之后，还剩下什么？

济："我"的存在由三种感觉造成。第一是重要感，凡是我的东西都特别重要；第二是优越感，凡是和我有关的都要超过别人；

第三是主宰欲，希望别人都能听从于我。这三种感觉也需要依托基础，然后通过不断强化而形成。当你觉得自己很重要，到底因为什么重要？是相貌很重要，还是身份很重要，还是学历很重要？总要有一个依托点。优越感也是同样，或是因为能力很优越，或是因为出身很优越，或是因为身份很优越，或是因为相貌很优越……总之，需要有一个依托基础。但我们通过审视会发现，所有这些只是短暂的存在，都在不断变化中。可以说，没有一样东西能真正抓得住。而作为自我本质性的存在，必须是永久的。正因为没有一种本质性的存在，所以这个自我就像皮包公司那样，只是一个没有实际内容的概念。现代人为什么没有安全感？因为我们越来越发现，自我所依托的东西是靠不住的。如果自我本身是一个独立不变的存在，我们不可能没有安全感，也不需要依赖外界支撑，更不需要刷什么存在感。正因为我们现在赖以支撑的一切是变化的，不稳定的，才会让我们患得患失，产生强烈的不安全感。

　　周：把这些社会的和外在的东西去掉后，就一个心理个体来说，我所有的心理活动，包括我的感觉、记忆和思想等，都在我这个个体中发生。至于别人发生什么心理活动，我只能去观察和判断，不能直接感知。作为心理活动的主体，人和人之间截然分开，我不能代替你成为你心理活动的主体，你也不能代替我成为我心理活动的主体，这在哲学上是一个很复杂的问题。我想说的是，能不能把作为一个个体的所有心理活动的承载者称为自我？如果没有载体，心理活动怎么办？

济：作为生命个体的承载者，阿赖耶识就扮演着类似"自我"或"灵魂"的角色，而五蕴构成的生命现象，有着相对的独立性和特质性，以此作为个体生命延续的基础，同时也是区别于其他生命之所在。

周：很多迷惑是出于自我的存在。别人的自我不能代替我的自我，只有我的自我才能成为我的一切精神活动的载体。我死了，这个自我就没有了。

济：精神活动是不是由内在的、统一的自我决定？其实不见得。比如有些人人格分裂，严重的可能同时展现十种甚至二十多种人格。他可能一会儿进入这个状态，一会儿进入那个状态，自己是不知道的。心理治疗的时候，会把这些不同人格状态整理出来，让患者了解，这种了解有助于他进行心理整合。常人虽然称不上人格分裂，但在不同状态下，也会产生不同的心理状态，展现不同的人格特征。高兴或生气的时候，面对朋友或仇敌的时候，往往是截然不同的。而且，每种心理都会遵循自身的活动惯性，基本不在我们的控制之下。生气的时候，想让自己马上不要生气，多数人做不到。你很在乎某个东西，想让自己马上放下，也同样做不到。所以，我们认为的那个具有主宰作用的"我"，其实是不存在的。

周："我"不是心理活动的主宰，尼采也谈到了，弗洛伊德还把这个观点发展成了一个系统的理论。

济：如果说"我"是生命系统，或是一种综合的作用，那这只是一种缘起的假我。这种假我的思想，佛教也是承认的。问题是，我们对于"自我"的认定蕴藏着自性见，并将这种自性见表现在生活的方方面面。比如高兴，觉得"我"在高兴；不高兴，觉得"我"在不高兴；干坏事，是"我"在干坏事；干好事，是"我"在干好事。这种强烈的自我感，是潜意识进入意识后形成的一种感觉，使我们的任何言行乃至起心动念都会带着这种感觉，贴上"我"的标签。因为有了"我"的标签，我们就看不清事物真相，进而带来种种烦恼。

周：我们实际上谈了两个问题。一是假我，身体、情绪、身份等等都是假我，这个容易理解。二是无我，把这些假我都排除掉以后，有没有一个真我？也没有。按照唯识的分析，自我观念本身就是因第七识对第八识的执着造成的，也应该破除。这很深刻，但比较费解。这两个问题有联系，后者揭示了前者的根源，自我观念需要依托，假我由此产生。除了唯识，佛教中对自我观念的形成还有没有别的说法？

济：其他宗派没有做这么细的分析。

我执是烦恼的根源

周：现代人容易患心理疾病，从哲学的角度看，根源是没有想明白人生的根本道理，就容易对小事情想不开。佛教对人的心理有深刻的分析，想听法师谈一谈。

济：近几十年来，西方心理学深受佛教的影响，大量吸收"正念"等内容，用于心理学的学科建设及心理治疗。此外，还广泛应用于医学、教育等各个领域。当然，他们对佛法的介绍和应用，会根据西方人的方式去选择和表现。佛法对心理的分析很细，有真心和妄心两大体系。就妄心的系统而言，唯识宗讲得最详细。比如潜意识是怎么建立起来的？它是如何作为生命载体，承载生命信息，并把我们的经验转化为心理力量？除了潜意识，佛法对心理活动的分析还有种种"心所"，包括三个部分。一是普通心理，类似传统心理学中的知情意，佛教称为遍行心所，包含在一切心理活动中。二是烦恼心理，是对不良心理的剖析。三是解脱心理，是为解脱服务的正向心理。在《大乘百法明门论》中，就把心理活动分成六类共五十一种。此外，还有以五蕴所作的简单归纳。五蕴为色、受、想、行、识，是组成生命体的基本元素。色代表物质的存在，受、想、行、识代表精神的存在——受是情感，想是思维，行是意志，识是了别的作用。我前两天在北师大做了一场佛学讲座，题目是"心理学视角的佛学世界"，就是帮助大家从心理学的角度了解佛学。

周：你从心理学视角探讨佛学，有没有一个理论框架？

济：会有一个思路。心理学有很多流派，佛教也有很多宗派，但"心"是它们共同的关注点，包括佛教心理治疗的原理，佛教对心的认识，以及对心理问题的解决。自古以来，佛法一直被称为心性之学，因为它整个就是在解决心的问题。

周：你弘法时唯识讲得很少吧？因为很难懂。

济：我不会用很专业的术语来说，而是转化为自己的语言。我现在给心理学界做的讲座比较多，从唯识的角度阐述会更契机。因为唯识对心理现象的分析特别透彻，能帮助他们从另一个角度认识心灵世界。每个人都是活在自己的选择中，这个选择往往是由错误认知和不良需求决定的。只有对生命有了深刻认识以后，才知道人生的价值究竟在哪里，知道应该选择什么，舍弃什么。

周：人的大多数心理活动都是盲目的，没有看到生命本来的样子，完全被自己所处的环境，以及由环境造成的认识和情绪支配了，所做的选择也往往是由错误认知和不良需求决定的。只有对生命有了深刻认识，才知道人生的价值究竟在哪里，应该选择什么，舍弃什么。

济：被不良需求和错误观念所支配，是非常普遍的现象。所以，每个人都需要解脱。中观见告诉我们，束缚你的一切都是无自性的，从而各个击破，层层扫荡。而唯识见说明，你现在认识的世界和你是什么关系，这些束缚是怎么形成的。从意识到潜意识的形成，从阿赖耶识到末那识的形成，到它们怎么卡住你，怎么让你越卡越深，把这套系统完完整整地给你说清楚。

周：中观告诉你，束缚你的一切都无自性，都是假的。但缘起的假相如何形成，心与物是什么关系，唯识学就讲得特别清楚。

济：中观的思想是万变不离其宗。只要你抓住一点，就可以用这个原理去看待一切。换言之,中观是给你一个核心观点——无自性,一切法都是缘起的,一切法都是无自性的,所以一切法的存在都是条件和变化的假相。《金刚经》中有个非常辩证的公式,比如说到世界:所谓世界,即非世界,是名世界。说明所谓的存在只是条件假相而已,缘起有的世界,本质是无自性空。任何一个现象都可以做这样的观察。

周:第一原理非常明确。

济:但唯识要阐明迷惑系统的构建,涉及方方面面。所以自己学唯识比较难,但如果有人指导,把核心和关键点说清楚,其实也不是很难。

周:你的《认识与存在》就已经把它说清楚了。

济:比如,人与人之间为什么会产生冷漠、隔阂,甚至冲突?就是因为建立并执着自我,为了保护自我而采取很多自他对立的措施。当自我封闭的时间长了,人就会和外界产生疏离感,只有那些自我认定的东西才和"我"有关,比如我的家庭,我的事业。所有这些一旦贴上"我"的标签,就变得重要并具有排他性。

周:这其实已经不是心理学的问题,而是人生观的问题。对自我的错误认定,常常是心理疾患的症结所在,而只要真正彻悟了无我的道理,附着在自我假象上的一切纠结、烦恼就一扫而光了。所以,佛教和哲学都是从大处着眼,心理学是在小处着手,也许可以结合起来,用宏观统率微观,以人生觉悟的启迪为本,辅以心理治疗的技术,把大小问题都解决。

洗干净的衣服还是衣服吗？

周：佛教经常谈论心和性的关系，也想听法师说一说。

济：心和性的关系主要在于，心理活动会积累成为习性。每个人会有不同的性格，这个性格从哪里来？就来自心理活动的积累。比如有的人贪惯了，看到什么都起贪心，就会成为贪性人；有的人很有悲心，不断重复这种力量，就会成为慈悲的人。此外，有的人心胸狭隘，有的人豁达大度；有的人自私自利，有的人大公无私，这些都是心理活动不断重复的结果。

周：心理活动会积累成为习性，这是一个含义。

济：性其实可以有两种，即本性和习性。所谓本性，即本来具备的，比如一切众生都有佛性。这个佛性是现成的，不是靠修行修出来的。在佛法中，有时也把佛性叫作真心，与之对应的就是妄心，即我们现前的、由错误认识所形成的各种心理活动。所以，心和性有相对的固定性，但它的内涵有时也会重叠。这就需要对佛法义理有一定素养，才能分清楚，这时候的心是指什么，性又是指什么。

周：宋明理学有一个概念叫明心见性，也就是明真心见本性的意思。在一定的意义上，心就是识，佛教修炼的目标是通过转变识来转变心。我想问的是，当错误的识排除以后，那个转变以后的心是什么？

济：佛法认为，既有染污的妄心，也有清净的真心。修行，就是要去除染污的妄心。至于染污心被去除之后的那个心是什么，其实就是它的本来面目。就像一件衣服，本质上说是干净的，但因为我们穿的时间长了，积累了很多尘垢。在没有清洗前，我们看到的是一大堆灰尘和污垢，并习惯于这样的状态。所以当污垢洗掉之后，我们可能会产生质疑：还是那件衣服吗？还是那件和我们朝夕相处、须臾不离的衣服吗？我们的认识往往停留在现有经验的基础上，停留在灰尘和污垢上，所以没办法理解：衣服洗干净了，那还有衣服吗？事实上，我们洗去的只是污垢部分。污垢洗掉之后，干净的本质才能真正显现出来。污垢的这一面相当于妄心，干净的这一面则属于真心。那真心到底是什么呢？当内在污垢不断减少的时候，当我们少一点焦虑、迷惑和混乱的时候，心就会呈现出清净的一面，让我们感受到发自内心的宁静和喜悦。其实，它时常都在产生作用，只是我们的感受太粗糙了，没有注意到而已。

周：心摆脱错误认识以后，它和认识是什么关系？是不是摆脱错误认识以后，就摆脱了一切认识？

济：首先要搞清楚，是什么意义上的摆脱，是彻底摆脱，还是暂时摆脱？在佛教中，对这个过程有非常完整的阐述。无论是认识的改变，还是心的改变，都不是一次性完成的。你在见道位获得这种认识，就像偶尔一阵风把云吹开，暂时看到了蓝天。但云很快又会回来，还需要不断努力，直到彻底去除这些产生云的因素，你的认识才是圆满的。这时候的修行，就要让这个正确认识从短暂的体验不断延长，最终云开雾散，明明白白。它有这么一个过程。

周：心其实就是识的载体，我觉得心没有认识是不可能的。摆脱了错误认识，就意味着形成了正确认识，那还是和认识有关。也就是说，真心和正确认识是同一个东西。没有认识的心有没有？就像天空可以没有云那样。

济：如果没有认识，没有知觉，那就是木头，不是心，不是生命。佛经中说到佛的智慧，其中有一种叫"正遍知"，也是佛陀的十大名号之一。佛法认为，佛陀是一切智者，具备一切智慧，可以对宇宙中的一切遍知无余。因为这种认知来自心的本质，而心的本质就是世界的本质。当他体认到心的本质之后，就同样对宇宙具有无限的认知能力。除了对本质的认识之外，佛陀还了知一切差别现象，佛法称为差别智。这种差别智需要学习，不是通达根本智之后自然具备的。但对一个通达根本智的人来说，他学什么都会特别快。在菩萨道的修行中，菩萨要从五明处学。也就是说，他要去学习世间的一切学问，这样才能有各种方式，善巧方便地利益众生。但通达真理的智慧不是学来的，而是需要体证。

周：就是说，差别智是对现象的认识，建立在经验的基础上，需要学习；根本智是对本质的认识，要靠体悟，不需要学习。那么，根本智完全是凭天分吗？

济：一旦证得根本智，就完全具足了。不像差别智，了解这个领域的知识，未必了解那个领域的知识，需要一一学习。证悟并不是凭天分，也要通过修行的积累。所谓上根利智，其实是因为过去生的积累比较深厚，所以今生的起点特别高。只需三言两语的点拨，就能直达本质，明心见性。反之则是钝根，即遮蔽内在智慧的尘垢特别厚，要花很多时间来清理。但不论根机利钝，这种内在智慧是每个人都具足的，而且是无差别的，"在圣不增，在凡不减"。

周：心和性的关系，也许可以这样来归纳。一个含义是，由我执导致的心理活动会积累成为不良的习性。另一个含义是，去除我执，就能回归清净心，洞察无我之本性。

因为无我，所以慈悲

济：无自性，同时也说明了我们和众生的关系，以及为什么要生慈悲心。

周：这个关系是怎样的？

济：我们为什么会和众生形成对立？就是因为建立并执着自我。这种执着就像一道围墙，把"我"围在其中，与众生产生隔阂、对立。

周：我对此还有些困惑，无自性好像还会导致相反的情形：

既然我是无自性的，你也是无自性的，大家都是虚幻的存在，都是在假象中生活，何必认真？我何必管你的事？

济：无自性，是看到一切事物的虚妄本质，搞不好确实会导向虚无。这个关系到底在哪里呢？从我们自身到世间一切的存在都是现象而已，本身没有任何对立，也没有任何界限。现象和现象的存在，以及现象和生命的存在，完全可以融为一体。但在现实中，大到国家、民族之间的冲突，小到个体之间的冲突，可谓比比皆是。为什么会这样？这些冲突在很大程度上与我执有关——是我执进行的自我保护。可见，我执正是我们不能广泛接纳他人、平等慈悲众生的关键所在。只有消除这个"我"，我们和众生才是一体的，息息相关的。佛法所说的无我，就是要拆掉我们和众生之间的这道墙。

周：破除我执之后，可以消除人与人斗争的根源，会变得宽容平和，但未必是仁慈。如果每个自我都是虚幻的，就会产生一个问题：我为什么要帮助他们？这会有什么价值？西方哲学有一个观点认为，每个"我"都是有价值的，每个生命体都是宝贵的，每个人都应该热爱自己的生命。我爱我的生命，看重我的自我，就能推己及人，将心比心，知道别人也是爱他的生命、看重他的自我的，所以要同情和帮助别人。仁慈的逻辑是这样推出来的，是从有我推出来的，和佛教正相反。

济：佛法有真谛和俗谛之分。从真谛的角度来说，自我是虚妄的，没有本质的存在，但同时还从俗谛的角度认可它的存在，认可生命悲欢离合的各种状态，否则就属于佛法批评的断见了。关于空和有的关系，佛法归纳为"毕竟空，宛然有"。从本质上说，根本就了不可得，但如果彻底否定它的存在，则是断见，同样是不可取的。那么，我们为什么要对众生慈悲？每个生命的习性不同，在生活中，有的从小乐于助人，只要觉得好的东西，就主动积极地和他人分享；也有的天生对人不感兴趣，不愿和外界有什么接触，更谈不上利他了。所以，佛教对人有种性之分，包括菩萨种性、缘觉种性、声闻种性、不定种性和无种性。对于菩萨种性之外的其他种性来说，尤其需要培养慈悲心。而在消除我执之后，你会感受到自己和六道一切众生从根本上是一体的，这样就更容易生起同体大悲之心。就像你身上哪里痛了，手本能地就会去抚慰、施救。如果真正认识到自己和众生无二无别，自然会对他们的痛苦感同身受，慈悲也会成为本能。佛法认为，如果一个人只顾个人解脱，对觉性的开发是不完整的，属于偏空的智慧。虽然也能解脱，但不是对生命潜能的圆满成就。

周：不是一个最高的境界？

济：对，那只是个人解脱。要成就无上菩提，必须带领众生共同解脱。在修行过程中，要广泛接触众生，才能断恶修善，圆满悲智。比如破除贪著，可以通过不断布施来修习。当你愿意倾尽所有地帮助每一个人，就代表内心已没有任何贪著了。再如嗔恨心，也要在受到挫折时才能得到检验，看自己还会不会被境界所转。如果没有众生作为对境，就很难发现自身问题。

周：佛教的慈悲，我一直理解为一种大悲悯。我们作为有情来到这个世界，却发现自己在这个世界是无根的，生命本身是虚幻的，用我的话说，人人都是孤儿，都是空空世界里的过客。由这种大悲悯，产生了对众生的大爱。慈悲慈悲，慈是从悲而来的。

济：大悲心的成就更离不开众生。我最近在讲授寂天菩萨的《入菩萨行论》，论中告诉我们：在学佛路上，佛和众生同等重要。首先要有佛陀指引方向，帮助我们开发智慧，但要成就慈悲，就离不开众生。正如《普贤行愿品》所说："一切众生犹如树根，诸佛菩萨犹如花果，以大悲心饶益众生，则能成就诸佛菩萨智慧花果。"众生就像树根，诸佛菩萨就像花果，以大悲心为树根浇水，才能开花结果。论中甚至讲到，当众生伤害你的时候，也要对他心怀感恩，感恩他来成就你的修行。因为不是谁都愿意来伤害你的，看起来是他在伤害你，其实他是通过伤害自己来成就你，真正受到伤害的是他自己。在这部论中，寂天菩萨以非常理性的思辨，帮助我们从各个角度认识利他的重要性，从而调整观念，修正心态。

周：这部经论造于什么时代？

济：这是印度佛教中后期寂天菩萨所造的论典，也是大乘佛教的重要论典。作为大乘佛子，从选择菩提心，以发展觉醒的心作为生命目标，再到完整开发生命内在的觉性。在此过程中，不同经论是从不同角度给我们提供指导。

周：对于恶人、不义之人，持一种接纳的态度，可以有两个角度。一个是宽容，就是知道他是身不由己，受经历、习惯、环境、业力、情绪等等支配，在这个意义上予以谅解。另一个是修身，一切负面遭遇都是自己修身的教材。耶稣也主张，有人打了你的左脸，你就把右脸也让他打。在这一点上，孔子比较有分寸，他主张以直报怨，反对以德报怨。从社会的角度说，对恶人是必须惩治的，当然，惩恶也是为了让他从善。

济：寂天菩萨说，在成佛道路上，众生和佛同等重要。这个重要并不是说，众生和佛在功德上是一样的，而是说，佛菩萨帮助你成就智慧，众生帮助你成就慈悲，两者缺一不可。佛法认为，利他也能开发智慧。为什么这么说？人之所以不能解脱，就是因为陷入错误的自我状态。我们设定了一个自我，在这个以自我为中心的状态中，又会不断强化自我的感觉，越陷越深。反之，如果一个人不断想着社会大众，想着利益他人，就是弱化我执的过程。当我执被不断弱化，建立在我执上的所有烦恼也在逐步瓦解，觉性就得以显现出来。所以利他不仅能成就慈悲，同时也在开显智慧。

周：很有道理，利他本身是一种无我的实践，而无我就是觉醒，就是智慧。

畏冰 摄

自由与命运

人是生而自由的,但却无往而不在枷锁之中。——卢梭

未曾有一法,不从因缘生。——《中论》

因缘和合，由因感果

周：我觉得佛教中"缘"这个概念特别有意思，想听你讲解一下。我的理解是，缘包含两个方面。一个是因果性，有果必有因，所以缘是有来历的，应该珍惜。另一个是偶然性，许多因素凑到一起才会发生，这些因素完全可能没有凑到一起，所以缘又是偶然的，不可执着。

济：佛教讲到"缘"，通常是和"因"在一起，所谓因缘和合。也就是说，任何事物都是条件决定存在，而不是自己决定自己的存在。这些条件又会有亲疏之别，即主要条件和次要条件。其中，因是主要条件，缘是次要条件。就像耕种，种子是因，而土壤、阳光、水分就是缘。

周：业和因缘是什么关系？

济：业就是因，有合适的缘，就会产生结果。从因到果，因是主导性的，缘是由因感果的辅助条件。佛法认为，在我们的生命走向中，业决定一切。业包括身体、语言和心理三个方面，即身、口、意三业。其中，身体和语言的行为根源在于心理。如果没有心理的作用，我们是没法说什么做什么的。由身口意形成的力量，就是业力，又叫业因。相应条件具备时，业力就能产生结果。

周：那么，"缘"起的是什么作用？

济：在命运发展过程中，除了因这个主要条件，还需要缘的成就。就像种子，必须有土壤和阳光雨露才能生根发芽。因和缘同时具足，才能产生相应结果。佛法认为，业形成后不会自己消失，但通过忏悔可以使重业变轻，乃至不产生结果。我们的身口意三业时时都在种下新的业因，影响命运走向。其中，心念本身就是意业，同时还会影响我们的身业和语业，即行为和语言。所以，它是主导命运的关键所在。

周：因和缘，主要条件和辅助条件，它们组合到一起是必然的吗？

济：缘起就说明，一切不是由造物主决定的，也不是偶然的。

周：缘起和偶然的区别是什么？

济：偶然就是没有因果观念，一切的出现和消失都毫无规律。而缘起是说明条件决定一切，没有不依赖条件的存在。哲学往往强调第一因，强调世界由某个基本元素组成，如原子、极微等，这是不依赖条件而独立存在的。但从佛法角度来说，并不存在独存的实体，一切都是条件的组合，是缘起的。

周：西方哲学中有一个难题，就是必然性和自由意志的问题。

十七、十八世纪欧洲有一派"机械决定论",认为任何一个现象的发生都是有原因的,而这些原因又是之前一系列原因的结果。你刚才说,因和果之间有缘作为条件,他们就会说,条件也是因,而这些条件之所以具备,本身也是有原因的。总之,某个结果的产生,可以追溯到一个复杂的因果关系网,从而证明了它的必然性。比如说,一个人的性格、品德、行为,他之所以成为今天这样一个人,通过对一系列因果关系的分析,我们能够证明这是必然的,他自己是完全不能支配的。

济:印度也有类似的宿命论,认为命运已经决定,不可改变。而佛法是缘起论,承认命运由因感果,有一定的规律可循,但同时也认为,可以通过努力改变命运,其结果不是一成不变的。佛法所说的忏悔法门,就是用来对治的有效方法。你虽然做了将带来不良结果的行为,但内心还有另一种力量可以动摇它,就像用炮弹去轰炸一样。比如你伤害他人之后,本来会造成双方敌对甚至冤冤相报的结果,但你真诚地向对方道歉并尽力弥补,就能在一定程度上改变原有结果。至于改变到什么程度,也是由各种条件决定的。

周:关于心念的问题,机械决定论者就会说:为什么这个人有这样的心念,那个人有那样的心念?也是有原因的,比如这个人遇到了济群法师,那个人没遇到,所以仍然是"被决定"的。我觉得这个逻辑的问题是把因果性等同于必然性,既然不存在无因之果,就当然一切皆必然了。

济：关于命运，佛法不同于宿命论，认为一切都是命中注定，不可改变；但也不同于偶然论，认为一切都是随机发生的，不可把握。佛教对命运的认识，可以用"因缘因果"四个字来归纳。也就是说，命运是由因感果的过程，有一定规律可循。也因为由因感果，所以随时都会因为各种条件的变化而影响结果。

周：命运这个概念可以有两个含义。一是机械决定论，有果必有因，结果可以追溯到一系列原因，因果性即必然性。这个意义上的命运，我认为不能成立。另一个含义，就是认为有一种神秘的主宰力量，人的遭遇受它的支配。这是大多数宗教的观点。我理解，佛教和两者的差别在于，佛教把人的精神状态和行为都纳入了因果体系，而且是重要的因果，并不是一说原因就是外在的，内在的因素更重要。心念主导行为和习惯，进而决定命运，所以命运更多是由内在力量决定，是可以改变的。这种观点，就既不是机械决定论，也不是神秘主义。

济：佛教一方面承认命运，另一方面认为命运是可以改变的。

周：其实西方哲学有两个极端，除了机械决定论，还有一派强调自由意志，人可以自己做出决定，把决定变成行动，就在一定意义上打破了既有的因果关系，或者说成为了因果关系中新的因素。现代西方的存在主义，尤其是法国哲学家萨特，极端地强调人的自由。他提出一个命题叫"存在先于本质"，就是说你没有一个前定的本质，你的存在在先，然后你的选择决定了你的本质，你选择怎么做人，就会成为什么样的人。

济：在生命延续的过程中，选择非常重要。因为生命不是单一的存在，而是多元、复合的存在。我经常说，你是什么，比你拥有什么更重要。这个是什么，其实就取决于我们的选择。

周：所以佛教好像不赞成算命。

济：佛教不提倡算命，强调的是"因上努力，果上随缘"，但也不认为算命一定是无稽之谈。生命是缘起的，有它的因缘因果，就说明有规律可循。既然有规律可循，就可以遵循一定的规律来了解。当然，预测的正确与否，取决于方法对不对，学艺精不精。

心的能动性

周：机械决定论是一种特别钻牛角尖、较死理的理论，但要反驳它很困难，它在逻辑上很能自圆其说。我们可以说，有的人发挥了主观能动性，有的人没有发挥，但为什么你发挥了而他没有发挥？每一个个体的觉悟程度、努力程度不同，原因是什么？他们会一直追问下去，最后告诉你，归根到底是由环境和遭遇决定的。

济：他们忽略了一点，就是我们的心。佛法认为，世界由心和物构成。物是被动的，而心具有能动性。当然，每个心的能动性不同，为物所役的程度也不同。有些人对物质的依赖很深，沉迷其中，能动性会随之减少，甚至完全被动，所谓"危身弃生以殉物"，用现在的话说，就是做了物质的奴隶。反之，有些人对物质的依赖较少，心的能动性会更强，自由度也会更高。

周：这从理论上很难讲清楚。比如说同样的环境，为什么人们有不同的心态、不同的行为，对于物质的依赖，为什么有的人多有的人少。如果仔细分析，也许可以发现原因是对环境的态度不同，但为什么对环境会有不同的态度呢？又应该是有原因的。

济：还是根据每个人的需求模式和认知模式。

周：需求模式和认知模式从哪里来？

济：生命长期积累而成的。从原有的生命素质，到现在的文化教育，形成他的需求模式和认知模式。

周：是很多因素、因缘的综合。

济：有现在的因缘，有过去的因缘。

周：无数的因缘导致现在的结果。这样又会问，自由在什么地方？

济：每个因缘都可以视为一个因果系统。有的人创业，企业就形成一个因果系统；有的人成家，家庭会形成一个因果系统。其实人有很大的选择空间，可以选择进去还是不进去。如果不进去，这个系统对我就是无效的。或者我虽然进去，但心不会黏上去，也是可以超越的。

周：就是说，人面对因缘不是被动的，我可以选择因缘。

济：但人们因为无明，往往自动放弃了选择权，放弃了心的能动性，而是被各种因缘推动着，不知不觉地进入其中，为其所转。有智慧的人才会看清：我要不要进去，进去之后怎样超越它。

换言之，有智慧才有主动权。

周：也就是说，对于正在发生的因缘，人可以有一个清醒的认识，和它拉开距离，进行选择，而不是被它拖着走，人有这个自由。

济：你可以去了解每一个现象，每一种因缘因果。一棵树的成长也有它的因缘因果。我们每个人，不论做学问还是办企业、走仕途，都可以选择。什么因缘因果对我来说更有价值，我就可以选择什么，所以价值观很重要。

周：对，人在价值观上可以自己做主，这是人的最重要的自由，因此而成为自己人生的主人。如果放弃这个自由，就只能被环境和外界的因素支配了。

济：环境之所以能锁住你，左右你，主要是因为你内心有一份需求和执着。比如一些体制内的人，他也觉得不自由，被束缚，为什么不走出来？就是因为放不下体制提供的保障。佛教所说的解脱，是要解除内心对外境的这份需求和执着。如果没有这些需求和执着，我们就可以在任何一个系统自由出入，不为所缚。

周：所以人的心态非常重要，是心态决定命运，而不是环境。

济：环境就像一种程序，如果你不够独立，进入程序后就被卡住了，不由自主。反之，如果能保持超然独立的心态，不论进入哪一个程序，都能随缘自在。

周：按我的设想，可能有两个因素决定能动性。一个是它本身能量的大小，不同的人，天赋的能量不一样，按佛教的说法，可以用前世的积累来解释。另一个是环境限制和自身努力的情况不同。

济：从佛法角度来说，心本身具足的能动性是一样的，但被五欲六尘遮蔽的程度有深浅，所以会显现出不同的作用。就像阳光普照大地，平等无别，但每个人得到的光照各有不同。遮蔽越多，得到的光照就越少。如果把自己完全封闭起来，就会处于彻底的黑暗中，无法得到一丝光照。

周：悟性没有先天的成分吗？

济：就众生所具备的觉悟本性而言，是完全一致的。当然，很多人的生命确实在随波逐流，不由自主。用流行的话说，就是"被某某"或"某某控"。每个人对环境的粘著和依赖不同，被控的程度也随之不同。生命，尤其是凡夫的生命，确实有很多不自由的成分。其中有环境因素，还有自身能力、福报、认识等各方面的局限。尽管存在这些限制，但多少会有选择余地。从另一方面来说，我们还可以通过修学增强能力，积累福报，纠正认识。随着各方面的提升，会有更多自由的空间。当然这种自由是有限的，不是无限的。基于凡夫的心理特点和生命现状，机械决定论认为人对命运没有主动性，也有一定道理。关键是他们没有发现生命本来具有的能动性。

周：这样问题又产生了，为什么有的人没有发现生命本来具有的能动性，有的人能够发现？

济：是不是发现，取决于你是否具备发现的能力。这个能力需要通过修行来开发，就像矿藏，它本来就在那里，但不是每个人都能发现的。所以，我们需要培养能力。

周：佛教是两个方面都强调。今天你是这样一个人，有这么多迷惑，这是一个结果，不但是环境、经历、教育的结果，而且是无限生命积累的结果。另一方面，你可以主动解除这个迷惑，成为一个因，产生新的果。两方面都强调，哪方面更重要呢？分量一样的话，理论上是不是有点圆滑？

济：虽然有它的前因，但人有一定的自由意志，你可以选择。一方面，过去的生命积累决定你现在是什么状态，有什么认识。在此基础上，你当下又可以对未来生命做进一步的选择。这个比较合理，不是圆滑。

周：佛教一方面反对一切皆必然的宿命论，另一方面反对摆脱因果关系的绝对自由意志，只承认一定程度的自由意志，也可以说是一种中道。

济：无限夸大人的自由意志肯定是有问题的。虽然人有自由意志，但它受到很多限制，包括阅历、视野、知识结构、生存环境等，只能是相对的。

周：人们最后发现，最能说服人的理论是不走极端。绝对的机械决定论让人很不舒服，绝对的自由意志论也很不可信。把自由和必然统一起来，许多哲学流派都想这样做，但我觉得佛教是比较说得通的。

命运的可变和不可变

周：佛教认为，命运是由内在力量决定的，心念主导行为、习惯，决定了命运，所以命运是可改变的。但是，命运有没有不可改变的客观的方面？是否应该把命运和对命运的态度加以相对区分？我们一般用命运这个词来表述自己完全无法支配的人生遭遇和轨迹，在这个含义上，是否可以说人不能支配命运，但可以支配对命运的态度？当然，这个态度对今后的遭遇会发生影响，我们是否应该只在这个意义上说，人对命运是有自由的？

济：这是两个方面，一是能不能改变命运，二是怎么看待命运。首先，能不能改变命运？这和人们对生命的认识有关。在很多宗教哲学中，往往把命运归结为外在力量，认为由一个主宰神来决定吉凶祸福。佛法和一般宗教的最大不同，是否定主宰神的存在，认为一切是由我们自己决定的。这一观点来自对生命本质的认识，或者说，来自对心性的认识。西方的宗教哲学，包括中国的儒家，对心性的认识比较薄弱，而这正是佛法最擅长之处，所以自古以来就被称为心性之学。佛陀当年正是通过禅修向内观照，最终明心见性，了悟生命真相，了悟存在的缘起差别。从缘起论的角度，佛陀发现命运是可以改变的，进而找到自我拯救的方式。其次，怎么看待命运？面对一个现象时，你是接纳，还是对立、抵触、仇恨？这些态度直接会给当下带来不同感受，同时给未来生命带来不同走向。

周：即使心性问题解决以后，仍然不能否认有个人不可支配的外在遭遇。世界上发生的许多事情，或者针对你而发生的许多事情，你是无法支配的，但你可以支配对它们的态度。比如说，你的心性问题解决得很好了，但是你突然得了绝症，遇到了天灾人祸，这是你无法支配的。个人无法支配的事情和可以支配的事情，这两者是不是还应该有一个区分？

济：其中还是有一个内在联系。从整个世界来说，每个人的存在，想什么、说什么、做什么，都和他的心性有关。如果人人都有良好的心性，世界就完美了，所谓"心净则国土净"。反过来说，如果人人内心充满贪婪、仇恨、愚痴，这个世界一定会问题重重，斗争不息。这是人和世界的关系。再如人和自身的关系。你有良好的心性，饮食有度，行为节制，肯定活得更为健康。反之，如果总是根据欲望生活，任性、贪婪、暴躁，缺少对色身的认识和缘起的智慧，当下就会给自己的身心带来很多问题。

周：人们的心性状态的确会对世界的状态发生影响，也会对自己的生命状态发生影响。但是，我觉得仍然不能因此就否认存在着不受心性状态影响的客观事件。

济：到底有没有绝对的客观？现代物理学已经证明，对于存在的现象而言，观察者不只是一个客体，同时也是参与者。换言之，心念会直接影响世界的存在。当不良情绪表现在身体上，会引发各种身体疾病；表现在生活中，则会影响外在环境，甚至整个世界。

周：好像基督教里有一则祈祷词是这样说的："上帝啊，请给我力量，让我接受那不可改变的；请给我力量，让我去改变那可以改变的；请给我智慧，让我能分清楚可改变的和不可改变的。"可改变的和不可改变的，二者之间还是有一个界限的。我们必须承认人的命运里还是有不可改变的因素，对这不可改变的应该坦然接受，对可改变的则要努力改变。

济：从究竟层面来说，一切都是可以改变的。关键在于，你有没有那么大的力量。很多时候，事情虽然可以改变，但因为你的力量远远不够，感觉上似乎不可改变，似乎你努力的结果等于零。事实上，只是它的作用太小，所以暂时感觉不到。比如水滴石穿，当第一滴甚至一百滴水落到石头上，你看不到任何改变。但假以时日，改变就出现了。佛教的"诸行无常"就是告诉我们，一切存在的现象，心理现象也好，物质现象也好，都是无常的，是可以改变的，但这种改变可能要积累到一定程度才能感觉到。

周：诸行无常是事物本身在不断地变化，好像和人没有关系吧？

济：所谓诸行，包括宇宙的成住坏空，也包括人类的生老病死、悲欢离合，乃至一切的一切。诸行无常也是同样，既有自然规律，也有人的主观努力。所以，很多自然现象也和人有关。比如现在这种盲目的、肆无忌惮的开发，正在加速生态环境的毁灭，使自然灾害频频发生。反过来，如果我们珍惜自然，保护生态，就可以让世界更加风调雨顺。所以，人的因素至关重要。

周：我也认为人的因素至关重要，但这和承认命运中有不可改变的因素好像是两回事。其实，承认这一点，本身是很积极的，可以使我们在面对不可抗拒的挫折和灾难时坦然接受，保持心灵的宁静。如果不承认，一旦遭遇不测，就会痛苦不堪，甚至被彻底击倒。

济：佛教所说的接受，不是通常理解的被动、消极或无可奈何。因为我们接纳的是结果，而不是放弃因上的努力。如果过去的因已经形成，结果是必然的，不接受也于事无补，只会让人因为抗拒而更加痛苦。但要知道，因果是在不断发生的。当我们看到如是因感如是果的规律，就要从当下做起，从每一个因上加以改变。很多时候，我们对无常的认识会偏于消极。其实，无常只是说明事物在发展变化。往坏的方面发展是无常的，往好的方面发展也是无常的。至于往哪里发展，取决于我们创造什么样的因缘。创造正向因缘，无常就往好的方向发展；创造负面因缘，无常就往坏的方向发展。如果不是无常的话，事物就永远是坏的或好的，再努力也白费功夫，那才真正是不公平的。

谁为前世的善恶买单？

济：现代人特别强调个性，但个性是什么？个性就是一种习性。孔夫子说，性相近，习相远。在不同的时空中，我们会逐渐形成自己的性格特质，这是千差万别的。但习性背后还有共同点，比如贪嗔痴，就是凡夫所有习性的共同基础。

周：个性不一定都是坏的，不一定都是习性。人性的优点，在每个个体身上的表现方式不一样，这种不同的表现方式也是个性，是好的。

济：从佛法角度来说，凡夫的生命基础决定了你是凡夫，圣贤的生命基础决定了你是圣贤。对于凡夫来说，并不是没有优点，但这个优点仍是建立在迷惑和贪嗔痴的基础上。

周：圣贤和凡夫之间有鸿沟吗？

济：在生命品质上有差别，而且是巨大的差别。

周：差别肯定存在，但这个差别是不可跨越的吗？

济：可以跨越。凡夫也具备圣贤的潜质，只不过目前发展了凡夫的那一面。

周：我倒觉得不行。可以用佛教的解释，在不断的轮回过程中，人们的积累和来源是不一样的。我们在生活中看到，人和人之间天生的差别特别大。当然，也有极少数的例子，大恶之人变成大善之人，大愚之人变成大智慧者。

济：孔子说，唯上智与下愚不移。有些人先天善的力量比较强，不容易受到不善的影响，反之亦然。此外的多数人是可上可下的。但佛法告诉我们，一切生命都是缘起的，没有固定不变的特质，用现在的话来说，就是"一切皆有可能"。如果我们创造不同的因缘，生命就会有不同的发展。当然，因为目前的生命起点不一样，所以开发时用的力气也不一样。

周：降生到这个世界上的时候，起点就已经不一样了。

济：这是过去生命的积累。佛法认为，生命不是以今生为起点。有些人可能过去生就学佛很长时间了，这方面慧根深厚；也有些人今生才刚刚开始，就需要付出更多的努力。

周：过去的生命积累造成了这一世的素质，这个东西很难发生根本性的改变。

济：可以改变，但要有很好的方法。有些人习气深重，似乎不可能改变，所谓"江山易改，禀性难移"。但在究竟层面来说，习气是建立在错误设定的基础上，就像沙滩上的建筑，也是没有根的。如果找到关键点，就能从根本上铲除它。

周：为什么说是没有根的？

济：在错误设定的基础上不断积累，形成一个庞大的建筑，我称之为"轮回的大厦"。但这座大厦的基础来自错误设定，只是一种错觉而已。一旦认识到这一点，基础就立刻垮塌了，所以它是没有根的。

周：一世又一世的积累，力量应该是很强大的，需要更大的力量才能推翻，这个力量从何而来？

济：我们本身具备改变的潜力。

周：为什么在这个人身上具备这么大的力量，能把这么重的东西推翻？前世积累的东西，有许多负面的东西，是不是也积累了很多正面的东西？我们经常说某人有慧根，慧根是什么呢？我理解有两个意思，一是指天赋好，二是指尘垢少，意思是不同的。

济：两种说法可以统一。当我们说某人慧根深厚时，就意味着他的心垢很薄，所以悟性才能很快显现并产生作用。反之，如果内心布满尘垢，悟性就会被遮蔽，难以产生力量。

周：这里回避了一个问题，如果都没有尘垢的话，慧根是一样的吗？

济：如果立足于觉性来谈慧根，所有众生都是平等的，没有任何差别。诸佛如此，蝼蚁同样如此，这也就是《心经》所说的"不生不灭，不垢不净，不增不减"。但从今生的起点来看，所显现的慧根深浅不一。因为每个生命的内在尘垢不同，被遮蔽的程度也不同。所以有些人会不断追问人生的终极问题，有些人会偶尔触及，也有些人从不觉得这些和他有什么关系，这就是慧根深浅和有无的区别。

周：这个区别是先天的，还是后天的？

济：生命是一个无尽的积累。

周：不存在先天后天，现在的先天是前世的后天，这样就能说通了。

济：古往今来有很多修行人，他们基于对生命的困惑，不断探索，积累了摧毁负面系统的力量。

周：通过什么途径积累？

济：两方面，一是自身积累，二是文化教育。

周：是现在这一生的？

济：不只是这一生，过去生中很早就积累了。根机的深浅和过去生有关，但这就像接力赛，哪怕今生接到这一棒时有点晚，也可以奋起直追。最重要的是，佛陀发现每个人本身就具有改变命运的潜质，这是最根本的力量。

周：基础是先天的，后天能改变，但幅度有限。有些人很容易觉悟，有些人怎么和他说都不会觉悟。

济：禅宗把人分为利根和钝根。所谓利钝，其实也和迷悟有关。有些人内心尘垢很薄，属于利根，只需稍加点拨，即可直指人心。有些人内心尘垢很厚，属于钝根，必得慢慢磨炼，方能拨云见日。我们看很多禅宗大德的悟道因缘，常常在善知识的直指下即刻开悟，亲见本来，这就是上根利智的缘故。

周：尘垢的厚薄是一种情况，还有没有心量的大小？有些人天生就心量小，有些人则心量大，心的容量不一样。

济：就像虚空没有大小一样，从究竟意义上说，心也没有大小。人在觉性上是一样的，在这个层面，佛和众生也没有区别，只是遮蔽的尘垢有不同。什么是天生？你今生来到这个世界的起点，是前生的积累，不能说是天生。就像坐井观天，如果你就生在一个井里，的确只能看到井口那么大一片天。但你离开这口井，就能看到无垠的天空。佛教认为，唯有人人皆有的佛性才是天生的，其他一切都是生命中的积累，是无尽轮回中的积累。

周：说到轮回，你没法决定自己投生在什么地方，比如投生在中国或印度。如果投生在没有佛教传统的地方，是不是就不会开悟？

济：从今生来说，我们投生在哪里似乎是偶然的，自己不能决定。但从佛法的生命观来说，每个生命都是随业流转。这种业力并非凭空产生，而是取决于每个人曾经造下的身口意三业。所以，出生不是偶然的，是由业力决定的。如果说业力是命运的源头，那心念就是业力的源头。当我们在心念中不能自主，对心念产生的业力同样不能自主，对业力导致的命运更不能自主。反之，如果我们能把握自己的心念，也就能进一步把握行为，把握命运。所以，修行就是从心念入手，从随波逐流到逆流而上，从不由自主到当家做主。

周：我一直困惑的问题是，我只能支配现在的心行，可是前世心行造成的结果也要让我来承担，这有点不公平。怎么看这个问题？

济：对于前世造作的不善行，我们根本就不知道，为什么要承担由此带来的苦果呢？关于这个问题，我们可以从今生的一些情况来比照。比如年纪小的时候，因为无知造作了很多不善业，我根本就是出于无知，凭什么要承担？或者说十年、二十年前，那时身不由己地做了很多坏事。这些后果我都不想承担，是不是可以呢？其实是不可以的。你做过的事，有时不是说愿不愿意承担后果，而是不得不承担，因为这是你做的事。

周：好像应该划一条界线，就是我作为个体，这辈子我做的事情，和以前一世又一世的轮回中，那些我完全不知道的存在，应该划一条界线。承担这一世做的事，我是信服的，但以前那些我完全不知道的东西，怎么能承担呢？我觉得你用轮回来说明人的根器差别，这个解释特别有说服力，但用在道德责任上，就感觉难以接受，我为什么要为前世不是我做的事负责呢？

济：我们可能不愿意去承担那些道德责任，但很乐意去享受自己有一个良好的天赋和境遇。

周：如果天赋不良好，我也只能承受。但是，道德上的善恶判断，我认为应该有别的解释。

济：从佛教的因果观来说，"因有善恶，果唯无记"。道德上的善恶，是对造作这个行为的判断，果报本身并没有道德属性。通常所说的"善有善报，恶有恶报"，更准确的表达，应该是"善有乐报，恶有苦报"。为什么要为前世的事负责呢？生命就像河流，一路流过，你无法拒绝上游带来的各种东西。因为这条河就是你整个的生命系统，它是分不开的，除非你超越轮回。人不是凭空掉下来的，不是今生这么短暂的一个片断。基督教是以上帝创造来解释一切，其实这没有说服力。上帝爱世人，可为什么他造的人那么不一样，这个上帝实在太偏心了。

周：灵魂在天国是一样的，善恶是来到人间之后的事，所以不影响追究。

济：有些人生来就在一个犯罪家庭，从小根本没有受过道德教育，在那样的环境下，很容易造下各种恶业，甚至走上犯罪道路，最后又被上帝打入地狱。你说这是不是太不公平了？因为他生在这个环境，各种因素的汇聚，就把他推向这条道路。有时候，几乎是别无选择的。

周：我觉得这个特别有说服力。哪怕在这一世，他成为一个坏人，犯下各种罪业，也是有各种客观原因决定的，并不是他自己的选择，但我们并不因此认为，他是没有责任的。如果把这样一种解释推广开来，推广到以前各世，佛教的说法就能成立了。

济：人对生命总是有一种好奇，想去探个究竟，去寻找它的源头：我到底从哪里来，最后到哪里去？如果把前后都切断了，你会觉得，在这个世界上真是找不到价值，找不到意义，找不到依托，会活得更痛苦。

周：这样一种解释，和现在用基因解释人的一些特征的遗传性，两者有什么区别？

济：佛法认为，生命有两套系统，一是身体的系统，一是精神的系统。身体系统主要来自父母对我们的影响，包括体质、相貌等，所谓"身体发肤受之父母"。但为什么这些人会彼此成为父子母女？也来自业力的牵引，其中有共业也有别业。所以，有些子女和父母长得很像，也有些差异较大。之所以会这样，就取决于业力招感的色法中，是共业显现得更多，还是别业显现得更多。至于精神系统方面，一个人的天赋和性格往往和父母相差很大，这是因为精神系统是来自生命自身的积累和延续，和父母没有太多关系。

周：基督教也认为，灵魂另有来源，不是父母所生。强调精神系统对于身体的独立性，是宗教以及许多哲学家的共同观点。

济：佛教重视生命蕴含的潜质，这点非常重要，它意味着生命具有无限的可能性。如果不具备相应潜质，就无法单靠自身努力来成就。因为在有限行为上产生的可能也是有限的，再多的有限还是有限。唯有立足于无限的潜能，才能实现生命无限的价值和意义。所以，不谈生命的潜能，只是后天你赋予它什么，它就会是什么，从现实层面或有限价值来说是成立的，但从生命无限的意义和价值来说，是建立不起来的。

种子和现行

周：我发现，佛教在谈论自由与命运的关系时，轮回理论是不可缺少的。

济：轮回说只是对生命现象的一种解读。佛教立足印度这样一个文化背景下，它所解决的问题，和印度其他宗教是一样的。不同只是在于，如何对轮回做出正确解读，以及解脱方法的差异。

周：古希腊哲学中也有轮回说，比如毕达哥拉斯，而希腊的这个观念又是来自埃及。我不知道埃及和印度哪个更早一点，或者互相之间有没有影响。

济：在佛教中，轮回属于常识性的话题。每个生命都经历过，而且生生世世都在经历，只是我们会有隔阴之迷，在投生过程中遗忘了。不过还是有人可以回忆起前生，记得自己从哪里投生过来，前世又经历些什么。这些都证明，生命是相续不断的，只是会以不同形式转化。

周：有一本《前世今生》是现在的美国人写的，全是美国、欧洲的例子。看来这是一个普遍现象，不过作为我们没有这种经历的人，还是觉得难以想象。

济：如果没有轮回，生命就成了孤零零的一个片断。我们不妨想想，在这茫茫宇宙里，一个叫作"我"的生命出现，然后消失——没有之前，也没有之后，实在是莫名其妙的事。难怪不少哲学家和艺术家要走上绝路，因为这样的人生是看不到意义，看不到希望的。整个印度的宗教哲学，关注的就是轮回和解脱，这是它有别于世界其他文明的重要特征。

周："我"只是宇宙里一个孤立的片断，这的确荒谬、无意义。西方哲学和宗教的解决方法是给宇宙设定一个精神本质，柏拉图叫理念，基督教叫上帝，是灵魂的来源和归宿。

济：现代人接受了唯物论教育，很难对轮回说产生共鸣。但如果不相信轮回，就无法对几个问题做出解释。

周：哪几个问题？

济：第一是天赋的问题。为什么那些神童生来天资聪颖，异于常人？从轮回的角度来说，是因为每个人的生命积累都不一样，所以今生的起点大相径庭。第二是缘分的问题。为什么有些人你初见就特别有缘，甚至一见钟情；也有些人你看到就内心抵触，甚至横眉冷对？这和我们往昔的缘分有关。佛法认为，众生在轮回中来来去去，生生死死。每一期生命，其实就像换了一个场地。虽然场地换了，但以往留下的种子还在继续，使我们对某些人莫名地喜欢，对某些人莫名地反感。第三是命运的问题。在这个世间，即使付出同样的努力，结果却往往是不同的。有些人总会有贵人相助，有善缘成就；但有些人总是历尽坎坷，处处有违缘阻碍。为什么？也是因为往昔培植的福报不同。就像同样的种子，在不同的田地中，收获是截然不同的。

周：这三个理由非常好，也是让我相信轮回的理由。但这毕竟仍是一个假说，尽管是一个好的假说。

济：至少不可以武断地加以否定，不能证真的事情，直接否定本身就不客观。

周：对于轮回，唯识学用阿赖耶识来解释，理论上比较完备。

济：阿赖耶识主要有两个作用，一是作为贯穿轮回的载体。前六识都是有间断的，包括第六意识，在深睡、晕厥或无想定的状态，意识都不产生作用，但我们并没有死掉，还会有体温，心脏也在跳动。从唯识的角度来说，就是因为阿赖耶识在执持我们的身体。二是作为储藏种子的仓库。阿赖耶识就像一个无所不包的巨型库房，收藏了我们无始以来的生命经验。换言之，我们所有的言行，乃至起心动念，都会在内心留下记录，唯识宗称为种子。一旦具备相应的外缘，种子就会产生活动，即"种子生现行"。而在产生活动的同时，又会在内心留下记录，即"现行熏种子"。每一种心理力量都是在不断的重复中成长。当然，这种重复不是机械的，而是会介入意识，是一种多元、复合的作用，所以这种力量会越来越丰富。哪种力量被重复的次数越多，在内心形成的力量就越强大。

周：在一世又一世的轮回中，这些种子在发生变化。每个人来到这个世界的时候，都已经带着种子来，只是不知道自己带了怎样的种子。

济：既然是仓库，为什么有些我们经历过的事会想不起来呢？这就像缺乏管理的仓库，虽然放了东西，一时也可能会找不到。在这些资料中，还伴随相应的心理力量。我们每想到一个人或一件事，不只是单纯的影像而已。在这些影像背后，都伴随着某种心理力量。所以说，阿赖耶识为所有的意识活动提供了心理基础。但阿赖耶识本身是属于潜意识的范畴，其特点为不可知，即无法用意识直接认识。

周：很玄妙。从基督教来说，生命延续是以灵魂为载体，而灵魂是实体，人死了以后，灵魂会升入天堂或堕入地狱，这个载体比较好理解。阿赖耶识是一个心识，不是实体，怎么能一世一世地延续呢？

济：唯识对阿赖耶识的描述，是"相似相续，不常不断"。它所储藏的业力，在不断推动生命相续，从不间断，又非一成不变。佛法以缘起看世界，认为没有什么可以不依赖条件而独立存在，所谓"未曾有一法，不从因缘生"。换言之，一切都是因缘的假象。任何一个东西，离开组成它的条件，根本找不到恒常不变的自体。

周：阿赖耶识也是从因缘生的？

济：是的，任何事物都是各种条件的组合，我们的生命体同样如此——佛教称之为五蕴，即色、受、想、行、识五种。其中，色属于物质的部分，受想行识属于心理的部分。五蕴中的每一项，又是由各种条件组成。比如识，有眼、耳、鼻、舌、身、意六识和第七末那识、第八阿赖耶识。阿赖耶识需要的条件最少，所以它始终存在。而眼识需要九种条件才能形成，耳识需要八种条件才能形成，等等。需要的条件越多，识的活动机会就越少，反之亦然。

周：为什么阿赖耶识需要的条件最少呢？

济：阿赖耶识需要的条件，包括它所缘的境、种子，还有和它相互依赖的第七末那识。这些条件始终存在，所以第八识是永久的延续。唯识有一个不同于哲学的重要特点是转依。唯识认为，阿赖耶识有杂染的部分，也有清净的部分。如果开发染污的部分，就会形成凡夫的生命。如果开发内在的清净种子，就会成就佛菩萨的品质。

周：种子有杂染和清净之别。从"种子生现行"说，每个人这一生的起点是确定的。从"现行熏种子"说，人在这一生又是可以有所作为的，能够开发清净种子，消除杂染种子。

济：轮回虽然是一种生命现象，但任何一种现象的根源都在于我们内心。所以，我时常会从当下的人生现象来解读轮回。每个生命都有不同的渴求和执着。有的人经商，每天就想着怎样把事业经营得更大，这就属于渴求。在渴求过程中，又会对这份事业产生执着，并在执着过程中导致更多的渴求。最后，他就在这种对事业的渴求和执着中不断轮回，形成他的人生轨道。事实上，不同的人都在各自的领域轮回，进而在内心形成相应的心理力量。所以，现世的修行很重要。

内在自由和外在自由

周：关于自由，西方哲学区分两个概念，一个叫内在自由，一个叫外在自由。外在自由主要指政治自由。像英国的洛克、亚当·斯密、约翰·穆勒等自由主义哲学家，所讨论的是一个社会怎样才能保护好每个人的自由，怎样建立一种秩序，使每个人都可以追求自己的合理利益，同时不允许侵犯他人的利益。这是政治自由的概念。此外，马克思还强调一个外在自由的概念，叫自由时间，强调人和动物最大的区别在于，人的活动是自由的，人不只是为了生存而活动，还有高级的能力，作为真正意义上的人的活动，发展这种高级能力本身就是目的，不应该让它为低级的物质性生存服务。为了做到这一点，就必须变革所有制，以保证每个人只用少量的时间从事谋生所需要的活动，而拥有大量的自由时间来发展自己的能力。我想知道，佛教是如何看待自由的？

济：佛教认为，如果没有解决认识的困惑和心灵的烦恼，一切生命都是不可能真正自由的。很多人追求社会环境的自由，物质条件的自由，觉得自由就意味着为所欲为，或想干什么就能干什么。事实上，我们拥有得越多，所受的限制也越多。我们往往在追求自由的同时，制造着束缚，制造着不自由。

周：我觉得不能否认改造社会环境的重要性，当然，佛教的关注点不在这里。除了外在自由，还有一个内在自由的概念。如果我们把人的精神能力分成智、情、意三个方面，内在自由相应地也可以分为三个方面。第一，从智来说，是理性自由，就是独立思考能力。强调理性自由，是西方哲学的传统，从亚里士多德开始就是这样。第二，从情来说，是情感自由，基本上是一种审美境界，我们的庄子是一个代表。第三，从意来说，是意志自由，就是精神上的追求，道德上的自律。儒家、基督教都强调这个方面，好像佛教也是这样。

济：动物通常是活在感觉和经验中，而人有理性，当他以开放的心态面对这个世界时，就可以跳出原有的感觉和经验。从这个意义上说，选择空间会更多。但我们现在说的理性也好，情感和意志也好，是不是就能抵达自由呢？可能是另一个问题了。人面对情感能自由吗？很多时候，我们是身不由己的，所以才会有"借酒消愁愁更愁"的无奈，有"不应有恨，何事长向别时圆"的感慨。即使在我们觉得自己可以把握的时候，也往往在不知不觉中，陷入"被控"和"被选择"的陷阱。

周：人陷在一己的情感里，当然是不自由的，原因在于利害的计较。如果摆脱了利害的计较，就能够通过情感体验领悟宇宙的真理，进入自由的境界。其实苏东坡就是这样的。

济：至于理性，在很大程度上与教育有关。我们处在不同的社会，接受不同的文化，就会建立相应的理性。但社会和文化可能会传递错误的价值观，这就使理性出现偏差，甚至把人导向毁灭。反之，如果我们接受智慧的文化，就能建立健康的理性，这是修行必不可少的基础。当然从究竟意义上说，理性是无法直接抵达真理的。

周：在德语里，表达理性这个概念的有两个不同的词，一个是Verstand，指逻辑思维的能力；另一个是Vernunft，指直接把握世界本质的能力。我们有时把前者翻译成"知性"，以与后者相区别。Vernunft实际上是一种伟大的直觉，超越了概念思维，能够直接感悟事物的整体。

济：这个认识和佛法有一点接近。佛法认为，真理必须靠证悟，而不是靠思维获得。当然，证悟也离不开思维。佛法强调闻思修，就是通过听闻正法、如理思维来建立正见，然后依此观察世界，调整心行。当内心尘垢越来越薄之后，才有可能破迷开悟，断惑证真。

周：我的印象是，在自由的问题上，佛教关注的归根到底是内在自由，而这个内在自由超越了智、情、意的心理层面，是一种觉悟生命真相以后达到的状态。

济：自由，佛教中的概念是自在。在很多寺院，都能看到"得大自在"的匾额，既体现对这一境界的景仰，也昭示佛弟子的努力目标。而在经论中，"自在"一词更是频频出现，仅《大正藏》就有近六万个，从方方面面对此进行了演绎。那么，究竟什么是自在？核心不外乎两点，一是没有困惑，即认识的自在；二是没有烦恼，即心灵的自在。可以说，一切自由都是建立在这两种自在的基础上。另外，《华严经》讲到十种自在：一命自在，可以自由选择住世时间。二心自在，心灵没有挂碍。三财自在，具有自由支配的财富和生活条件。四业自在，能自由地做利他事业。五生自在，可以自在选择投生。六愿自在，所有的愿望都能实现。七信解自在，有能力认识真理和智慧。八如意自在，具有超常的神通能力，可以自在运用。九智自在，智慧无碍。十法自在，能自在说法。十种自在包含了内在自由和外在自由。佛教认为境由心造，有了内在的自由，才能真正实现生命的外在自由。因此，佛教更看重内在的自由。

陈建奇 摄

生死与轮回

哲学就是预习死亡。——苏格拉底

众生于无始生死,无明所盖,爱结所系,长夜轮回生死,不知苦际。——《杂阿含经》

直面生死的困惑

周：人生的问题分为两个层面。一是现实的烦恼，比如生存的压力、利益的得失、爱怨的困扰等等。二是永恒的困惑，就是生死之惑，对生命终极意义的追问。其实，社会性的得失是比较容易看破的，最难看破的是生死。有的人始终陷在现实的烦恼之中，好像完全不存在永恒的困惑，我觉得这种人慧根太差，比较不可救药。尼采说过：面对有根本缺陷的人生竟然不发问，这是可耻的。人有根本性的困惑，这是有灵性的表现。困惑是觉悟的起点，没有困惑的人绝对不可能觉悟。

济：禅宗说，"小疑小悟，大疑大悟，不疑不悟"。可见，产生问题是解决问题的基础。有问题的人，你要为他解决问题。至于没问题的人，你要给他制造问题，让他意识到人生有这样一些重大问题，需要找到答案。因为这不只是形而上的玄谈，而是关系到每个人的切身利益。如果浑浑噩噩地活着，真是虚度此生。

周：生命的永恒困惑是根，其他都是枝叶。

济：是体和用。永恒的困惑没解决，就会不断制造现实问题。如果仅仅解决现实问题而不涉及永恒的问题，内心是不会踏实的。除非他吃饱喝足就没问题了，但那是动物式的活法。作为有一定思想的人，必然会碰到永恒问题。从佛法来说，包括认识和实践两部分：从认识上怎么看待这个问题，从修行上怎么解决这个问题。

周：早期的西方哲学很重视这个问题，比如苏格拉底说，哲学就是预习死亡。斯多葛派哲学家讨论的一个重大主题也是生死问题，在他们看来，哲学的使命就是帮助你以平静的心态面对死亡。

济：如果按唯物论的观点，不论活十岁还是一百岁，也不论你做了什么，今天多么风光，死了就都没了，这样的生命的确没有意义。不仅生命没有意义，人类没有意义，宇宙也没有意义。宇宙的意义是人赋予它的，因为有人宇宙才有意义。如果说生命和宇宙都没有意义，那简直莫名其妙，到底在干什么？

周：这是无法接受的，但可能就是事实。即使这是事实，我们仍不能接受，一定要把它推翻掉，于是人类就有了宗教，有了哲学，宗教和哲学就是为了推翻它而产生的。

济：宗教和哲学本身代表了人类的经验，不是幻想。虽然哲学有想象的成分，是通过思维产生观点和思想，但宗教是有体验的，是来自实证。

周：人类必须有、因此也就一定会有哲学和宗教。

济：有段时间，我对介绍宇宙和太空的东西很感兴趣。科学家讲到，大概过一二百亿年，宇宙大爆炸后的所有能量会用完，天地会变得一片死寂，什么都没了。

周：如果结果是这样的话，就是没有意义，和现在就发生也没有什么分别，时间长短不是问题。所以这个东西一定要推翻，宗教、哲学必定会产生，因为人不能忍受无意义。宇宙必须有意义，如果人类只有科学，再发达有什么意思？宇宙间为什么会有人类出现？就是因为宇宙要证明自己是有意义的。

济：对芸芸众生来说，没有意义一样可以活得欢天喜地，不需要探讨什么特别的意义。必须有意义才能活着的人，只是少部分的思考者，如哲学家、艺术家、修行人等。对他们来说，没有意义的人生是不可想象的。

周：多数人其实也会有感到恐慌的瞬间，因为想到没有意义而恐慌，但很多人都在逃避，感到无奈，觉得想也没有用。我相信每一个有理性的人，总会有想到这个问题的时候。我遇到很多这样的情况，平时看起来就是芸芸众生，但和他深入交谈，发现他心中有这个恐慌。

济：但是不敢去面对，就会本能地回避。

周：最后能找到意义并且让自己真正相信这个意义的人，我觉得是幸运的，不管通过什么途径找到都是好的。在这一点上，所有宗教和精神性的哲学是相通的，都是为了解决同一个问题，只是路径有所不同。

济：中国古代三不朽的人生，立德、立功、立言，也是一种解决方式。但作为比较唯物的思想，还是解决得不透彻，这种意义的说服力没有达到百分之百。

周：我觉得还是比较功利性的东西，不论是立功还是立言、立德，无非是说你的功业、文字、品德会流传下去，后人会敬仰你，你的名声可以万古长存。真正的不朽不是名声的问题，不是能不能流芳百世的问题。

济：古人对宇宙没有太多了解，会觉得世界是永恒的。但在今天来看，地球乃至宇宙都是非常脆弱而渺小的。世间的一切，无论建立多少功业，或者名声流传多久，其实都是微不足道的。所以，佛教是从生命内在去寻找它的意义。每个生命都具有觉悟潜质，一旦开发这种潜质，对个体来说，可以解决自己的烦恼困惑；对众生来说，可以尽未来际地帮助一切有情。这才是生命真正的意义所在。

自得其乐的人需要被唤醒吗？

周：很多人可以在自己的视野内自得其乐，比如搞艺术的，搞研究的，都有让自己全身心投入的乐趣。普通老百姓，能够平安过日子、结婚生孩子，就美滋滋的，不必想太多。只有困惑比较多的人，才需要深入到哲学、宗教里去寻找答案。

济：一个人要否定什么没价值很容易，但要找到什么有价值就比较难。如果否定了现实的价值，又找不到更有价值的，就比较悲惨了。现实的一切，艺术创作也好，科学研究也好，荣华富贵也好，自己把这些东西看得很真实，很有价值，也能作为暂时的依靠。

周：这些自得其乐的人需要被唤醒吗？他们本来很开心，遭遇生老病死，也都能找到自己的一套理由来接受，佛教却要替他们把繁华的表象撕开，有必要吗？

济：真正能够从容面对并自得其乐的人，其实并不多。多半只是在顺利时、一切相对稳定时才能自得其乐，一旦遭遇什么挫折，可能受到的打击更大，感受到的痛苦更强烈。还有不少人自得其乐到了一定年龄，就发现自己糊弄不了自己了，还是会恐惧死亡，会关心终极问题，会觉得前方有个看不见的黑洞在等着自己，四顾茫然。

周：佛教追求的解脱，不也是想达到自得其乐的状态吗？

济：阿Q式的自得其乐和彻底解决问题后的自在喜悦是两回事。

周：身在其中的人，怎么知道两者之间的分别呢？如何证明什么时候是傻乐，什么时候是解脱之乐？

济：每个人在成长过程中，会不断回望自己过去的时光。当你原地踏步的时候，会觉得一切都很好，自己很聪明。但当你取得进步之后，再回头看，才能发现自己曾经的局限。

周：有的人认为，普通民众不需要太多思想，给他一些简单的做人道理，一些心灵的慰藉，就可以了。

济：每个人的信仰层次不同，对普通民众来说，希望健康、平安、发财，这个愿望是合理的。但如果停留在这里，只能说明信仰层次不高，不能说他不对，这些人也需要不断地启发和引导。

周：佛教有福报一说，往往给民众以误导，好像信佛就可以得到实际好处。

济：的确会有现实利益。有人学佛后心态好了，慈悲心增加了，就会产生福报，让事情变得顺利。同时，他对员工也有爱心，大家就更团结、更敬业了，这也会促成业绩的增长。所以，有现实利益也是正常的，是因为自己改变带来的，可以说通。

周：这个层次就比较低。

济：所以还是要直面困惑。生命存在永恒的困惑，如果找不到答案，就不能看清人生真相。唯有摆脱这些困惑，才能成就智慧，获得认识的自在。另一方面，这些困惑又会制造烦恼，让生命不得安宁。这就需要通过戒定慧的修行，断除烦恼，获得心灵的自在。

周：人还是有类型的区分的，有的人宗教性特别强，有的人科学性特别强，这也许是天生的。科学性特别强的人，对于超验的问题真的没有兴趣，只关心可以用经验求证的问题。我觉得，每个人都没有必要为难自己，把自己改变成另一种类型的人，这也不可能。你只需要把自己的类型做到最好，并且对其他类型的人能够理解或宽容就可以了。

济：宗教解决的是人类永恒的问题，不论你是否有信仰，问题都在那里。如果意识不到，只是被你忽略或搁置了。对于这类问题，不同的学科或宗教会从不同角度做出解释。每个人有自己的视野和教育背景，也有自己的局限，对解决程度的期待不同，所以答案也不一样。正因为这样，才会造成不同文化的差别，造成世界的多样性。

周：有两个层面。一个层面是这类问题存在不存在，有没有必要去想？这个已经有分歧了，极端科学性的人就认为这类所谓终极问题是假问题，没必要去想。另一个层面是承认这类问题存在而且应该去想，但想的角度不同。人类的思想体系无非是这样划分的，分为科学和人文，人文又分为宗教、哲学、艺术。

生命是大海，今生是浪花

周：我曾经听到一位高僧说，佛教的根本目的就是"了生死"。从佛陀当年出家的动机，到生死问题在后来佛教中的位置，能否做这样的归纳？

济：在佛教中，"了生死"确实是一个比较突出的问题，但不是全部。佛法的核心目标，是从迷惑走向觉醒，一方面要解决各种负面心理，一方面要开发生命中无限的潜能，即佛菩萨那样的大智慧和大慈悲，而不仅仅是"了生死"，这只是建立于生命觉醒的一种能力。

周：但是很重要？

济：它是一个现实问题，是佛陀当年出家修行的契机之一，也是我们每个人必须面对和解决的。

周：佛教认为生死乃唯心所起，没有我执就没有生死的迷惑，我觉得是击中了生死问题的要害。但是，恐惧死亡是生命的本能，如何解除这种恐惧？道理多么明白，恐惧死亡的本能仍在，光靠道理是解除不了的。所以，是不是因为这个缘故，才需要有各种各样的修炼，需要戒、定这些辅助手段？

济：首先是如何认识生死。当然，认识本身有不同层次。之所以明白道理后，恐惧的本能还在，那是因为仅仅明白了概念，并没有得到实证，没有从内心确认这个道理。通常，概念也能解决一部分问题，但面临强大的对境时，概念就抵挡不住了。至于平常的人，尤其是现代人，普遍缺乏对生死的认识，因为看不清，就一味逃避这个问题。唯物论认为人死如灯灭，听起来似乎无所畏惧，但是不是真的无所谓？其实也未必，更像是一种"无知者无畏"式的任性：管他呢，反正现在没死！

周：唯物论才让人绝望呢。

济：所以在根本上，人还是对死亡充满恐惧。这种恐惧来自两方面，一方面是对生的贪著和依恋，一方面是不知道死后去向何方的恐慌。想着现在活得好好的，要这样要那个，忙来忙去，一口气不来，拥有的一切都与己无关，而且不知道接下来即将面对什么,的确会让人不知所措。

周:对,一是不能割舍生时的快乐,二是不能接受死后的虚无。

济:但轮回说会让我们认识到生命的完整性,不仅看到现在,还知道生命有过去,有未来。把生命比作大海的话,人的一生就像大海中的一朵浪花。如果立足于浪花,你会觉得人生非常渺小,转瞬即逝。如果立足于大海,我们对生死现象就会更从容。因为死亡并不是结束,它会以另一种方式继续。浪花是不断生灭的,大海却不增不减,如如不动。

周:问题在于,作为一朵浪花,这个大海对于我们来说完全是不可知的。

济:修行就是让我们认识这个大海。不仅是知道大海这个概念,而且要通过实修,体认生命大海的存在。从另一方面来说,我们知道了浪花和大海的关系,但浪花归于大海时会怎样?生命又会以怎样的浪花出现?我们有没有把握?还是取决于修行。所以,我们既要了解生命的规律,还要知道怎样改造生命,将自己导向更有价值的未来。修行有两个层面。从普通层面来说,是通过信仰建立一份依赖,并遵守相应的戒律和修行,从而看清尘世的虚幻短暂,对未来去向充满信心,知道那将带来更好的处境和更究竟的快乐。有了这样的信念,走的时候就能坦然面对。加上佛教有临终关怀,包括心理引导、助念等项目,帮助临终者安详离去,告别今世。相比之下,那些充满恐惧,在抢救、挣扎中毫无尊严地死去的人,实在是太可怜了。

周：看清尘世的虚幻短暂是容易的，但是怎样才能对未来的去向充满信心，相信那是更好的处境呢？

济：这是需要有真修实证的。如果仅仅靠猜测，是推理出来的，那确实会有疑惑，不知道实际结果会怎样；但如果你确实看到，体会到，就不存在疑惑了。很多修行者在明心见性后，体认到生命内在的觉性，对生死不再有任何疑惑和恐惧，从而来去自如，坐脱立亡，生死自在。这样的人对于自己未来的去向自然充满着信心。

周：这样的人很少吧？

济：不少禅宗大德都能如此，《五灯会元》就有大量记载。其实不一定非是高僧大德，有些看似普通的老人家，深信净土，愿力真切，加上念佛得力，也能预知时至，自在而去。

周：能够预知死时，从容离去，这很不寻常。不过，我觉得最难的还是能够洞察死后的归宿。

济：对生死的恐惧，很大程度上的确来自对明天的未知，不知道归宿在哪里。其实，未来就取决于今天的行为和生活方式，把握当下，就是把握未来。如果你对自己的每个行为都有把握，就不必担心未来的归宿。古今中外，很多高僧大德生死自在，就是因为他们明了生命的相续，还有强大的愿力和定力，才能在生死关头做得了主。当然，这个过程的确需要修行，不是随便想想就行的。

周：在生死问题上，佛教好像有两个思路。一是看清生本身是假象，生死迷惑源于我执，破除对生命的执着就不会有生死迷惑。二是看破生死界限，生命是永恒的海洋，并不存在死。我想知道，这两种思路，哪个是佛教更为主张的？

济：生命的延续就是缘起。缘起有自身规律，那就是无常，就是有生有灭，这是它的真相。你先要看清楚，然后还要通过修行来体证。释迦牟尼佛当年就是因为看到生老病死，想到青春、健康、美貌、荣华富贵的背后，就是衰老、疾病和死亡的隐患，而从衰老、疾病和死亡的结果，再来审视青春、健康、美貌和荣华富贵，会觉得这一切短暂而虚幻。你会发现，自己拥有的一切都在死神的控制下。如果我们追求的价值在这里，这个价值其实还是没有价值，哪怕为之忙碌一生，最后还是什么都抓不住。所以佛陀想到，不应该用人生来追求如此虚幻的东西，应该追求更为永久的、不死的东西。

周：也就是说，第一个思路是生命无常，由这个思路开启第二个思路，即追求不死。

济：这个"不死"是不是长生不老呢？佛陀最后也入般涅槃了，是不是他的修行没有圆满呢？其实不然。因为他已经体证到空性，体证到不生不灭的层面。对他来说，生死只是换个场景而已。就像你体会到大海的博大时，就不会在意浪花的生灭了。

周：浪花和大海的比喻很好，给人以踏实的感觉，但这会不会只是一个比喻呢？语言是会迷惑人的。

济：当你没有融入大海时，就会执着于每一朵浪花，因为这对你来说就是一切。而在浪花的境界，大海的确是无法想象的，只能作为一个比喻。从浪花看到大海，需要的是智慧和修行，再多的想象也是无能为力的。

周：看来最后的关键是证悟大海，融入大海。

无常是硬道理

周：世间一切皆变，唯有无常是不变的。人多么有力量，就是改变不了无常。无常是世间唯一永久不变的真实相，所以佛遗教经说：想要改变无常是无理的要求。这很对。可是，面对无常，人不能不感到恐慌，觉得没有一块稳固的地盘可以让你站立。

济：无常为什么会成为痛苦？其实是因为人有一种永恒的期待。如果没有这种期待，无常不过是一种现象而已。就像春去秋来，云卷云舒，花开花落，只要接受这种变化，就不会因此伤怀，还能欣赏到不同的美。

周：人有永恒的期待难道不对吗？不该有吗？

济：关键在于这种期待违背了自然规律。如果这种期待不但是我们臆想的，还会给我们制造痛苦，它对不对呢？该不该有呢？

周：死是不可避免之事，为不可避免之事而苦恼是愚痴，这个道理人人懂。可是，道理是一回事，情感是另一回事。从情感上说，人就是不能接受无常，就是想要寻找某种不变的东西，某种永恒的价值。

济：期待永恒只是人的一厢情愿罢了。

周：这样说当然也对。但是，人类自古以来就在追求永恒，古希腊哲学是这样，道家是这样，各民族早期宗教也是这样。

济：关键在于，这个永恒建立在什么基础上。如果在变化的世间追求永恒，那是自找麻烦。那有没有永恒呢？在变化的现象背后，还有空性的层面，包括佛法所说的涅槃，都是永恒的。这种永恒是超越能所、超越二元对立的，无法通过思维来认识或推理，必须以般若智直接体证。佛教之所以反对人们追求和执着所谓的永恒，关键在于这种追求和执着的对象是错误的，只会给我们制造无尽的痛苦。失恋之苦，是源于对感情的执着；破产之痛，是源于对财富的执着。我们想一想，世间所有的痛苦，哪一样不是如此呢？

周：那是凡夫，我觉得我要追求的永恒不是这样的。世间生活总是在变，如果因此世间生活就没有价值，生命的意义到底在哪里？当然，你说认清了这一切都是现象，然后心就宁静了，不受它的干扰了，也会让人感到一种快乐。

济：虽然佛法认为世间生活就像水月空花，只有暂时的意义，甚至没有意义。但同时，我们也可以通过对这些现象的如理观察，了解生命的无常和痛苦，帮助我们产生智慧。所以佛教也不会否定这一切，因为这就是轮回的现状，生命的现状，关键是我们怎么看待，怎么运用它来提升你的生命。

周：这还是中道。如果看透了一切都是生命流转中的暂时现象，因此而没有什么价值，如果总是这样一种眼光的话，就只有出家一条路了。如果还要在红尘中生活的话，抱着这样一种心态，就很难再品尝普通的人间幸福了。所以怎么做到既作为一个普通人来热爱普通的生活，同时又和它保持距离，时时用佛学的眼光来看一看，不要陷得太深，这个度很难掌握。

济：这正是中国古代文人出儒入佛的关键所在。历史上，不少文人士大夫都入仕为官，如果他们执着名利的话，不管在春风得意还是怀才不遇的时候，都是件辛苦的事。所以，很多士大夫热衷于结交方外高僧，更会从《金刚经》《心经》《维摩经》等佛典中寻找精神养料。这样的话，在春风得意时可以保持超然，坐看云起；在遭遇逆境时可以处变不惊，安然接纳。

周：在佛教传入以前是道家起这个作用。中国如果只有儒家的话，这些古代的知识分子就苦死了，或者愁死了。所以，儒家之外，还有道家和佛教，是中国文人的幸运。

济：对呀。

周：佛教立足于无常，让人接受无常，顺应变易，西方哲学立足于永恒，试图寻求变易中的不变，无常中的永恒，这是两者最大的不同。佛教认为生命的意义在于内在的觉悟，这个觉悟说到底就是要认识到诸行无常，诸法无我，从而进入寂静涅槃的境界。如果最后觉悟到的是这个，实际上就是说生命本身是没有意义的，不必留恋。

济：现代人对无常的理解偏向消极。其实，无常只是说明一切都在变化，一切都有可能，好的可以变成坏的，坏的也可以变成好的。无常也离不开因缘，你创造什么样的条件，最后就有什么样的变化，可以变好也可以变坏。给众生带去利益，就是生命提升的过程；而给他人造成伤害，则是生命堕落的过程。

周：这样理解无常当然比较积极，强调了人在变易中的主观能动性。尼采也提出过一个命题：一切皆虚妄，一切皆允许。意思是说，正因为事物没有固有的本质，人就有了创造的自由。不过，这好像离开了佛教所说的无常的本义，因为变好也罢，变坏也罢，说到底是一回事，都是一个空。

济：所以，我们不仅要透视现象，还要体证空性智慧，看到整个宇宙是一体的。这样的话，既能了解一切差别，又可以根据需要做种种努力，让世界变得更好。不是说看透就没意义了，并不是这样。

生命在轮回中流转

周：从佛教的角度看，生死问题与轮回说有不解之缘。人死之后，并不是归于虚无，而是进入了轮回，这在一定意义上是一个安慰。可是，就算生命通过轮回仍在继续，不断地重新投胎，如果在意识上没有延续性，我并不认识他们，他们也不再能记得我，那一世又一世的生命和我有什么关系呢？

济：说到没有延续性，那只是因为我们自己觉得没有延续性。如果看不到过去和未来，自然就觉得那些和当下这个生命没有关系。因为没关系，似乎就不必为它负责，有这样的心态。关于生命的延续，佛法是用"相似相续"来表达。不论肉体还是心灵，都是相似相续的，像流水一样，看似一直在那里，其实内容在不断变化。在我们成长过程中，生命内涵也时刻在发展变化中。我们来到这个世界，并不是一张白纸。你了解也好，不了解也好，这种潜在关系是存在的。

周：还有一个难点是，佛教的最高目的还是要断轮回，从生命的流转中摆脱出来。阿赖耶识是生命流转或者说轮回的载体，那么，断轮回以后，阿赖耶识是一个什么情形？它是否还存在？

济：唯识不同于哲学的关键就是，它的所有理论都在完成一件事，那就是"转依"——转变生命的依托。这个依托就是阿赖耶识，而转变主要表现在两方面。一是转迷为悟。凡夫为无明所惑，看不清世界真相，也看不清生命真相，所以会不断制造问题，在阿赖耶识中存储各种杂染种子，从而构成生命的轮回。学佛，就是要去除迷惑，建立正确认识。然后通过这种认识去禅修，将生命导向觉悟。这是认识层面的改变。二是转染成净。生命的染与净，是取决于阿赖耶识中不同种子的力量。所谓种子，就是一种心理力量。杂染的种子会长出低劣的生命果实，清净的种子会长出圆满的生命果实。凡夫因为无明，时时都在产生贪嗔痴等行为，形成杂染的种子。当它们产生活动时，每一次，都会使原有种子得到增长，唯识称之为"种子生现行，现行熏种子"。由此形成的心理力量会逐步积累，主导生命走向。生命就在这样的轮回中，不能自已。除此以外，阿赖耶识还蕴藏着清净的无漏种子。通过听闻和修学佛法，引发无漏种子，开显清净无染的人生。

周：也就是说，断轮回并不是要断绝生命的流转，而是要让生命在提升其品质的方向上延续？这样来解释，断轮回也有了积极的涵义。我觉得，你处处致力于赋予佛教的概念以积极的涵义。

济：我们过去讲涅槃，更多偏向于负面的消除，所以大家往往会认为，如果断除轮回，生命就停止了。其实，修行主要是完成生命的转依。杂染的生命结束后，接着是清净的生命相续。所以，佛菩萨可以在悲愿驱动下，尽未来际地利益众生。但那时候就不再是流转，而是因为愿力做出的主动选择。

周：你说的是现在世，还是无穷的未来世？

济：整个修行过程，从行菩萨道，到成就佛果，到尽未来际地利益众生。

周：是在生命的无穷过程中？

济：对。

周：如果转依已经完成，彻底清净，那时生命仍在流转？

济：佛菩萨有无尽的慈悲和愿力，所以会生生世世地来到世间，度化众生，利益众生。这和凡夫的随业流转不同，佛菩萨是乘愿再来。他的主导力量就是无限的智慧，无限的慈悲。

周：断轮回应该是从六道中出来了，而佛菩萨的生命仍在延续，还要不断地来到现世普度众生，直到把所有众生的轮回都断了？人类都断了轮回是否好呢？我无法想象，如果所有的生命都断了轮回，宇宙会是一个什么状态。

济：众生是业力无尽，生死无穷。

周：这就是说，众生都断轮回是不可能的。

活着也可以涅槃

周：在佛教中，修行的最高境界是涅槃，苦的究竟止息，它也是最高的幸福境界吗？

济：涅槃有息灭的意思，与之相近的还有寂静，是平息内在烦恼和躁动后，生命所呈现的高度宁静的状态。我们之所以动荡不安，混乱浮躁，就是因为内心有各种迷惑烦恼此起彼伏。但在这些躁动背后，还有本来清净的觉性。换言之，我们本身就具有涅槃的潜质，只是这种状态被遮蔽了。

周：涅槃是否有种类之分？

济：涅槃分有余依涅槃和无余依涅槃。所谓有余依涅槃，即内心已平息所有烦恼，但身体还在继续。所谓无余依涅槃，不仅内心躁动平息了，业力形成的身体也结束了。

周：有余依涅槃是宁静处世，无余依涅槃是宁静离世。

济：此外还有菩萨的涅槃，即无住涅槃。菩萨虽然积极度化众生，但内心处在绝对的寂静中，不受尘世任何干扰，所谓"智不住三有，悲不住涅槃"。因为有智慧，所以在三界中具有超然物外的能力，出淤泥而不染。因为有慈悲，所以不会安住于涅槃之乐，就像《华严经》所说的那样：不为自己求安乐，但愿众生得离苦。

周：人们往往认为涅槃就等于死亡。

济：这是误解。对于一个修行人来说，只要圆满体认空性，彻底平息烦恼，就是一种涅槃的状态。活着一样可以在涅槃的状态。

周：你说的那些无住涅槃的菩萨，他们不住在我们的人世间吧？

济：每个发了菩提心的佛子，都可以不断向佛菩萨靠拢。所谓菩提心，就是建立"我要利益一切众生"的愿望。只要具备这个愿望，就可以进入菩萨道的修行。当然，未必能达到无住涅槃的状态，但可以在修行过程中，不断增长慈悲和空性慧，不断成就佛菩萨那样的功德。

周：各种涅槃的共性是什么？

济：本质上都一样，就是平息内心的迷惑烦恼。

周：侧重点不一样？

济：对，自性清净涅槃每个人都具备，无住涅槃指菩萨，而有余依涅槃和无余依涅槃是指阿罗汉。声闻乘的修行偏向对负面心理的平息，而菩萨乘比较重视正面心理的开展。或者说，人有魔性和佛性两面，声闻乘偏向对魔性的否定，而菩萨乘偏向对佛性的肯定和开显。

周：小乘和大乘之别。声闻乘是自己解脱，菩萨乘是普度众生。

济：所以菩萨乘更圆满，否定的同时有肯定的层面，而且更主要的是肯定。声闻乘主要是对负面的否定，对正向的肯定不足。如果单纯接触声闻教法，确实容易以为佛法是消极的。

老六 摄

生命与苦乐

快乐就是身体的无痛苦和灵魂的无烦恼。——伊壁鸠鲁

诸行无常,是生灭法。生灭灭已,寂灭为乐。——《大般涅槃经》

生命是虚幻的吗？

周：从根本上说，佛教认为生命是苦，所以才要求解脱，乃至要断轮回。这是否一开始就给人生下了一个否定的论断？

济：这种说法本身是有针对性的，是针对凡夫而言。佛教认为，凡夫的生命是以迷惑和烦恼为基础，是一台不断制造痛苦的永动机。就这个意义上说，生命本质是痛苦的。但这不是针对所有生命而言。对已经摆脱迷惑烦恼的圣者而言，生命是在无限的喜悦中。因为心的本质是空性，它能源源不断地带来喜悦。

周：是不是说，生命本身无所谓苦乐，苦乐在于心的品质和状态？

济：佛法认为，心既是痛苦的源泉，也是快乐的源泉。人在什么时候最容易快乐？就是内心没有任何羁绊，自由而清净的时候。所以佛教讲人生是苦，主要是指凡夫的生命，指这些以迷惑烦恼为基础的生命。一旦解除迷惑和烦恼，成就智慧、慈悲的生命品质，就是清净、自由而快乐的。

周：我觉得生命是苦好像是一个基本前提，佛法让人认清这个前提，摆脱对生命的执着，从而使心回归清净。

济：自古以来，佛法一直被称为心性之学，虽然有很多宗派，但核心纲领是"苦、集、灭、道"四谛。人们对佛教的认识偏于消极，就和这一命题有关。四谛法门中，首先要认识到人生是苦，其次要寻找痛苦的根源，第三是知道解决痛苦后的生命状态，最后是掌握解决痛苦的方法。早期的声闻经典，比较偏向讲苦、空、无常、涅槃、断除轮回。这些表述缺少正向的肯定，无形中会给人消极的感觉。

周：痛苦的根源，除了迷惑和烦恼，更为根本的是不是还有生命本身的虚幻性质？

济：人类五千年文明，目的无非是为了离苦得乐。为什么在今天这个物质文明高度发达的社会，我们的痛苦还越来越多？关键就在于，没有找到痛苦的真正成因。在四谛法门中，蕴含着轮回和解脱两重因果，都是先说明果，再寻找原因。苦是轮回的果，集是苦的成因；灭是解脱的果，道是成就解脱的因。

周：除了声闻乘，别的宗派对人生是苦有什么说法？

济：人生是苦是佛法的基本认知，当然这个命题是有针对性的，那就是世间的凡夫，是以迷惑和烦恼为基础的生命。声闻乘重点是对负面的否定，而菩萨乘在否定的同时，还引导我们去认识和开发正向力量。让我们在通达智慧的基础上，建立广大的悲愿，像诸佛菩萨那样，发愿在无尽轮回中利益众生。

周：如果生命在本质上是虚幻的，我们对此的觉悟怎么能成为正向的力量？

济：认识真相，首先必须否定我们对虚幻世界的错误认知。但我们要知道，佛法否定的只是错误认知，而不是世界本身。因为虚幻世界的本质就是真如，一切现象的呈现都是假象，而假象的当下就是实相，是不需要去否定的。关键在于我们看不清，因为我们的认识是在无明基础上形成的。所以，佛教否定的不是这个世界，而是我们对世界的错误认知。当我们摆脱错觉之后，就能透过虚幻的假象，直接认识世界的实相。也就是说，否定只是手段，而不是目的。

迷惑是苦，觉醒是乐

周：我以前认为佛教是消极的，这可能是个错误认识。其实很难说佛教是消极还是积极，消极是贬义词，积极是褒义词，有一个价值评判。佛教揭示的是生命的真相，不应该用消极或积极来论定。我仍然有一个疑问，你刚才说生命的本质是宁静、快乐、自由，我觉得这应该是看清了生命的本质之后从中解脱出来的一种感觉，但不能因此得出生命本质是宁静、快乐、自由这个结论。那么，佛教对于生命本质到底怎么看？不必在乎人们会做出什么评价，他们说这是消极的，我们就不直接这样说了，完全可以理直气壮地说，生命的本质就是这样的。

济：说生命本质是自由、快乐、清净的，不是要去讨好谁，而是因为"人生是苦"这个表达虽然是佛教的基本认知，但它是有针对性的，不是最完整的表达。生命有两个层面，从迷惑的层面来说，人生的确是苦的，但这只是生命的一个层面，不是最究竟的层面。佛经说："心性本净，客尘所染。"这个苦是客而不是本，就像我们讲云彩和天空，云彩不是本质，天空才是本质。从天空的层面来看，本来就是澄澈而清净无染的；而从云彩的层面来看，的确在风起云涌，甚至完全遮蔽了天空。但我们要知道，云彩只是客，它是没有根的，它背后的天空才是根本所在。所以，我的说法不是为了随顺世人，而是根据佛法义理，客观、如实、正向地表达这个内容。

周：也就是说，迷惑造成了苦，解除了迷惑，进入觉醒状态，人生就是快乐的。那么，快乐只是解除迷惑之后的一种状态吗？人生有没有正面的快乐？比如说欲望，西方的快乐主义哲学家认为，欲望是快乐的源泉，当然要合理节制，欲望膨胀会导致痛苦。如果人没有欲望，那会是一种什么状态？我想知道佛教对欲望是怎么看的。

济：佛教并不完全否定欲望，而是认为欲望有三个属性，即善、不善和无记。无记属于非善非恶的，比如饿了吃顿饭，渴了喝杯水，都是正常需求。但把这个欲望不断升级，比如一定要吃什么喝什么，又没条件达到时，就可能采取一些不正当途径，甚至犯罪手段来达到目的。这个情况下，欲望就会演变为不善的。此外，想要修行佛法，包括造福社会、助人为乐等，则是一种正向的人生需求，佛教称为"善法欲"。大乘菩萨的无尽悲愿，利益一切众生的菩提心，就是对善的欲望的升华。

周：对于欲望这个概念要界定，我觉得可以分为三个层次。第一个层次是生命性质的欲望，自然规定的欲望，佛教对这个欲望是不否定的，也承认这种欲望的满足能给人带来快乐，当然是小的快乐。第二个层次是社会性质的欲望，受到社会上的观念、风气等影响之后，欲望发生了变化，超出了自然的规定，比如功名富贵之类。这种欲望的满足，从好的方面说，比如得到社会的肯定，也能给人带来一种积极的快乐。从坏的方面说，这种欲望膨胀，会让人迷失方向，离开生命本真的状态，就是佛教所说的贪嗔痴。第三个层次是精神性质的欲望，就是法师说的"善法欲"，包括社会理想、精神追求、艺术创造等，它给人带来的就是高层次的快乐了。如果这样来看欲望，佛教可能和哲学没有太大的差别。

济：欲望带来的痛苦，并不仅仅在于欲望本身。正常的吃饭喝水，说不上有什么痛苦，反而是对痛苦的一种缓解，会给人带来暂时的快乐和满足。但欲望过分膨胀之后，痛苦就在所难免了。一方面，为了满足这种不断升级的欲望而忙碌，非常辛苦；另一方面，我们还会对需求对象产生依赖。因为依赖就害怕失去，患得患失。所以说，依赖和贪著是欲望产生痛苦的催化剂。现代人普遍觉得焦虑、恐惧、没有安全感，为什么？就和我们对欲望的贪著有关。很多人虽然有房有车，还是对生存充满焦虑，在某种程度上，甚至比那些吃了上顿没下顿的人更焦虑。为什么？因为他们维持这种生活水准的压力，超过那些只求温饱的人。可见，让我们产生痛苦的不仅是欲望，还在于种种烦恼。要从根本上解决痛苦，就要破除无明，摆脱迷惑。

周：我觉得，讨论生命和苦乐的关系，佛教中一个根本的立场，仍然是要解除在生命真相问题上的大困惑。如果说，在解除大困惑之后，结论是生命的真相或世界的本质就是无我、四大皆空等，那就无所谓生命的苦和乐了，因为苦和乐都只是浮云。或者说，都是红尘，看破了红尘，苦和乐就都没有意义了。所以，佛教的终极目标是超越苦和乐的。

济：前面说过，生命有两个层面，一是迷惑的层面，一是觉醒的层面。由迷惑的力量，会开展出一个虚幻的世界，轮回的世界，甚至可以说是荒谬的世界。人因为看不清，就会对自我和世界产生错误认定，充满对自我的执着，对永恒的期待。这种执着和期待才是产生痛苦的根源。如果我们能如实观照，看清世界的虚幻本质，看清它是由迷惑发展而来，就能对此保持一种超然。当我们不再陷入对它的执着，它的存在和变化就不会对我们构成困扰了。

佛教是悲观主义吗？

周：尼采批判虚无主义，把佛教也当作靶子，他认为佛教是彻底否定生命的。当然，他对佛教并不了解，主要是从叔本华那里得来一知半解的。叔本华受佛教影响很大，尼采在批判叔本华的时候把佛教也连累了。

济：叔本华和尼采了解的佛教，可能主要是声闻乘，偏向个人解脱，侧重谈否定的一面，这就给人造成佛教消极的印象，其实是一种误解。佛教中的否定，包括声闻乘，并不意味着什么都没有，那是一种断见，属于邪见范畴。而汉传佛教属于大乘，以自利利他、自觉觉他为宗旨，这是一种非常积极的人生态度。

周：无论小乘大乘，佛教最后都是要解除对生命的迷恋。人因为迷恋生命，所以企求永恒，不愿意接受死后归于虚无的结局。其他宗教都是告诉你，死后不是虚无，让你相信某种意义的永恒，但佛教的思路似乎完全是相反的。我相信佛教是解决生死困惑的最彻底的办法，但是我到现在还没有弄懂，如果对生命在总体上是否定的，如何能导向一个积极的结果呢？

济：佛教最后要解除人们对生命的迷恋，我觉得这个表达很容易让人产生误解。佛教是要我们对生命建立一种如实认识，它要否定的不是生命现象本身。比如佛教所说的无常，是否定我们对永恒的执着和期待。"一切有为法，如梦幻泡影"，缘起现象都是无常变化的，我们期待的永恒只是内心对世界过分依赖后产生的幻想，本身并不存在。而佛法所说的无我，也不是要否定个体生命现象的存在，而是要否定对自我的误解，进而引导我们去认识生命真相，认识自己的本来面目。如果真的否定生命现象，那就意味着生命是没有希望的，找不到活着的意义，的确是件很痛苦的事。

周：我知道佛教不否定生命现象，现在的问题是，人类这样一种有自我认知的生命，他还希望生命现象背后有一种本质性的存在。基督教说是上帝，但佛教告诉你根本没有。作为有情，知道这一点后是绝望的。

济：生命有两个层面，佛法否定了一个层面，同时也在肯定一个层面。比如佛法认为，一切众生都有佛性，每个生命都蕴藏着无限宝藏。一旦开发这个宝藏，就能于自身成就佛菩萨那样的品质，同时也会给众生带来光明和希望。所以在大乘佛法中，会帮助我们去认识这种觉醒的力量，找到人生的意义所在。

周：苦的根源，在主观上是无明、迷惑、烦恼，在客观上是生命本身的虚幻性质，后者已经是前提，是更根本的。我的印象是，佛教说的生命的快乐好像不是生命本身的快乐，而是看破生命的虚幻之后的一种超脱心境。

济：生活中的所谓快乐，无非是对痛苦的缓解，是有漏而有限的，唯有证得空性慧，来自空性的喜悦才是纯粹的，不夹杂任何痛苦。所以，大乘佛法特别强调菩提心。发菩提心意味着什么？就是以救度一切众生为己任，没有一个众生是我不愿意帮助、不愿意为之付出的，需要承担这样一个使命。那么，这和世人做慈善有什么不同呢？一方面，它的对象是一切众生，在时空上都是无限的；另一方面，菩提心还要和空性慧相结合。既发愿帮助一切众生，同时也认识到一切众生只是因缘和合的存在，我们只是尽己所能地帮助众生，但也不必执着，不要觉得我帮助了多少众生，更不期待他们的回报。《金刚经》开头就说道："所有一切众生之类，若卵生、若胎生、若湿生、若化生，若有色、若无色，若有想、若无想、若非有想非无想，我皆令入无余涅槃而灭度之。"这是发愿帮助所有众生走向觉醒。接着还有一段话："如是灭度无量无边众生，实无众生得灭度者。"尽管我发愿帮助这么多众生，但内心并没有任何执着，也不觉得我在度哪一个众生。因为慈悲的力量，才愿意尽未来际地利益众生；因为空性的智慧，就不会陷入对度化众生的执着。

周：这个很棒，智慧和慈悲犹如双翼，保持平衡，才能展翅飞翔。因为慈悲，智慧不落入自私；因为智慧，慈悲不落入执着。

济：如果了解到大乘菩萨的无尽悲愿，像《普贤行愿品》所说，普贤菩萨的每一个愿望，都是"虚空界尽，众生界尽，众生业尽，众生烦恼尽，我此愿望无有穷尽，念念相续，无有间断，身语意业，无有疲厌"，你会非常震撼。这是菩萨对众生的庄严承诺，是真正的海枯石烂，矢志不移。可以说，世间没有任何一种愿力能与之比拟。

周：是不是可以这样说：无论大乘还是小乘，都是要让你觉醒，看破生命的虚幻；小乘只是自己觉醒，大乘不但自己要觉醒，而且要让众生都觉醒，都看破生命的虚幻，觉悟到人生是一个梦，不要太执着。最后要觉悟到的这个东西，都一样是悲观的。极端地说：小乘只是自己悲观，大乘不但自己悲观，还要大家都悲观。也许说悲观不准确，应该说是要认清生命的真相，宇宙的真相。

济：以迷惑和烦恼开展的人生，它的存在是一个现实。对于这样的现实，佛法让我们以智慧去观照它。只有这样，才能超然物外，不为所累。否则就可能根据自己的需求，一厢情愿地希望生活应该如何。比如我们对世界有了过分依赖后，就会产生幻想，希望拥有的一切都能永恒。但世界是无常的，所以这种期待必然落空，于是就会由失望带来痛苦。佛法所说的无常，就是让我们看清事物真相。只有看清楚，才能坦然面对一切。其实世界没有变，也不是要放弃什么，但因为我们的心态变了，就不再为其所转，更不会因此受到伤害，而是会积极地面对并改变这个世界。

周：佛教追求的终极目标是从轮回中解脱，我总觉得，这个目标本身已经包含了对生命的悲观看法。

济：事实上，每个生命都需要解脱。现在很多人有负面情绪，这就需要从情绪中解脱；一些有思想的人则对生命有种种困惑，这就需要从困惑中解脱。可以说，没有哪个人不需要和不想要解脱。

周：在这一世生命的过程中，的确有很多东西需要解脱。但我想，如果最后要摆脱六道轮回，不让生命之流延续下去，这个意义上的解脱，就有从整体上否定生命之嫌。

济：从轮回中解脱，从根本上说，是解除生命内在的迷惑烦恼，它并不意味着对生命的悲观看法，恰恰是正视生命现状后的抉择，是不甘沉沦的表现。

净土在何方？

周：基督教主张天国永恒，灵魂不死，而佛教让你看清无常，放弃永恒的幻想，我是在这个意义上说佛教悲观。当然，实际上它是揭示了生命的真相，看明白之后，你就不会执着了，就可以超脱了。所以，我觉得，从理论本身来说有悲观的色彩，从产生的作用来说是积极的。

济：佛法也讲永恒，涅槃就是永恒的不生不灭。佛法认为，以迷惑、烦恼为基础的生命是痛苦，但同时也告诉我们，我们还可以开展慈悲、智慧的生命，并依此建立净土。如西方极乐净土、东方琉璃光净土等，都是由佛菩萨的智慧、慈悲和愿力开显的清净世界。这些世界是建立在无尽悲愿的基础上，可以长期延续下去。至于天堂，在佛教看来，只是一个比较好的去处而已，虽然充满各种欲乐，但如果耽于享乐，是不能改善生命品质的，而且福报享尽，必然堕落。就像有钱人可以搬到环境优雅的地方，但只要生命品质没有改善，也未必能过得开心。而佛教所说的净土，是在改变生命品质前提下开发的世界，两者截然不同。

周：佛国、净土、西方极乐世界等等都是方便说法吧？佛法真认为是实有的？

济：在大乘经典中，有很多关于净土的描述。比如《阿弥陀经》说，在我们这个世界以西，经过十万亿佛土，那里有世界名为极乐，环境如何，等等。佛教的时空观以整个宇宙为平台，即便从想象的角度来说，也很不可思议。西方从地心说到日心说，不过几百年的时间，而佛教在两千五百年前就有这样的描述。

周：宇宙有无限个世界，这个概念佛教很早就有了。

济：《维摩经》更有意思，讲到离我们这个世界有四十二恒河沙佛土之遥有香积国，那里的世界又是如何，简直是难以想象的。

周：换一个角度看，基督教的天国，佛教的净土，是不是都有贬低我们生活的这个现实世界的意味？或者，我们不妨把净土看作对生命彻底觉醒之境界的一种形容？

济：佛法在否定人生虚幻和荒谬的同时，也在揭示生命的真善美。在佛教造像中，佛陀有三十二相八十种好，这是印度人认为最圆满的长相。全身每一处都是完美无缺的，这种美不仅是外在的，同时也是内在的，是从心灵的完美到人格的完美，再到世界的完美。佛教所说的净土，就是生命正向力量的呈现。我们所处的世间，是由无明妄想显现的五浊恶世，反过来，由觉醒、慈悲的力量，就能构建清净庄严的净土。而佛教所说的人间净土则告诉我们，只要不断改变我们的心行，当下也能成为净土，未必要到其他世界。

佛法是对生命的如实观

济：说到悲观和乐观，佛法还有一个概念，即中道观。中道不同于中庸，也不是一种折中，而是如实的认识，又称正见、如实见。也就是说，你的认识和世界真相完全吻合。龙树菩萨有一部《中论》，就是帮助我们建立中道的认识。

周：尼采也有一个观点，宣称他的哲学是超越悲观主义和乐观主义的对立的。在他看来，悲观主义太消极，乐观主义太浅薄，他把自己的哲学称作悲剧哲学，就是看清了人生的无意义，但不是到此止步，而是要负起为人生创造意义的使命。当然，这和佛教的观点是完全不同的。

济：在佛法看来，悲观和乐观都是有问题的。一切事物都有两面性，乐观者更多看到浮华的这一面，而悲观者比较容易看到浮华人生的虚幻本质。在某种意义上，悲观者往往比乐观者对人生的思考更深入。社会上多数人都是随波逐流，得过且过，没有遇到特别变故时，也能乐在其中，糊里糊涂地过完一生。但有些人能看透这些世俗生活的虚妄，要追寻生命的价值，要追寻活着的意义，可又找不到出路，悲观就在所难免。就像看到乌云密布的天空，一片漆黑，让人觉得天都要塌下来了。事实上，乌云背后就是万里晴空。

周：和乐观主义相比，悲观主义的确深刻得多。事实上，一切深刻的灵魂都是从悲观起步的，看到了人生的根本缺陷，从而寻求拯救之道。

济：不过，悲观和乐观都不是完整的认识。佛法是要我们如实观照，一方面认识到缘起显现的虚幻，一方面认识到迷惑背后还有觉醒的力量。只有正确认识迷惑，才有能力走向觉醒。所以我一直在强调，佛教要否定的不是现象，而是否定对现象的错误认识。

周：可不可以这样理解：乐观是错误地把现象当成本质，沉溺在现象之中；悲观是看到现象不是本质，而且现象背后没有本质，因此把现象也否定了；中观是看破了现象背后没有本质以后，回过头来把现象作为现象接受下来。

济：中观首先是一个认识，然后又关系到认识对象。因为认识决定了对外境的认识，你有什么样的认识，就能认识到什么样的世界。中观是如实观，即如实认识生命的真相、世界的真相。

周：所以，佛教不是悲观主义，而是对生命的如实观。

理性对于生命的利弊

济：书籍是人类对世界和生命思考的积累。

周：有一些是，许多不是。

济：是的，有些知识和生命本身没有太大关系，只是生存和生活的知识。

周：现在大多数知识是这样。从知识层面来说，人类生活是越过越复杂了，因为生活的知识太多了。

济：在这些知识的引导下，让人有越来越多的需求和执着。

周：你说这样好还是不好呢？

济：本来很简单就可以过好日子，但需求和执着多了，非常麻烦。过好日子本身，还是以幸福为标准，不是物质丰富就好。丰富除了能带来暂时的满足，既不能带来幸福，又不能提升生命，好在哪里呢？

周：我们把丰富和复杂做一个区分。

济：就是复杂。

周：是复杂，不是丰富，对生命有意义的才是丰富。最好的状态是丰富的单纯，最差的状态是贫乏的复杂。

济：越过越复杂，让人很累。因为需求越来越多，然后要满足这些需求，就很辛苦。现代人最普遍的问题就是累，太复杂了，欲望太多。

周：从人类的发展来说，这可能是必然的。在这个世间，人总想做点事情，甚至要造点事情，让生活有内容。我觉得，有限度地造些事情也未尝不可，因为人不能总是在那里思考和体悟，还是需要有具体的东西。越来越复杂就开始反思，要回到简单，就这样循环往复，这个过程很难避免。

济：人难免有欲望，然后会产生很多想法，把世界弄得无比复杂。建立需求之后，又会执着于此，产生不同程度的依赖。一旦有了依赖，它的任何变化都会给我们带来痛苦。可以说，欲望就是人类给自己制造的陷阱。

周：理性是人类特有的能力。我们总是说，人之所以比动物高明在于人有理性。但是，理性对人类的作用有两面，有利也有弊，控制不好会比动物更不高明。

济：理性是双刃剑。人本来很简单就可以过得幸福，但因为有想法，就不会满足于这些基本需求，而是攀比、竞争，结果制造了很多烦恼。

周：想法制造了需要，需要变成了烦恼。

济：当然，理性也能让人超越感性的需求，探索本质性的东西。佛法认为，人之所以高于动物，其中一个重要特点就是理性。因为有理性，人才有能力探索生命和世界的真相。

周：在佛经中，理性用哪个词？

济：佛法所说的"思、想、分别、思维"等概念，都是对理性的表述。理性和意识有关，也和教育有关。我们有什么样的理性，往往取决于所接受的教育。所以佛法特别强调亲近善知识，即找到好的老师。接着是听闻正法，接受智慧的文化教育；然后是如理作意，依这样的智慧来思考；最后是法随法行，根据法的指导精进修行，进而认识世界，认识生命开展的路线。这在修行中称为"四法行"，是践行佛法的四个重要步骤。

周：理性的两面性，向好的方向发展是智慧，向坏的方向发展就是痴愚。动物没有智慧，但也谈不上痴愚。

济：今天这个世界，特别需要提倡智慧的文化。智慧的文化来自智慧的心灵，而我们接受智慧文化的同时，也在帮助自己建立智慧的心灵，两者是相辅相成的。反过来说，垃圾文化来自充满垃圾的心灵，而垃圾文化的泛滥，又使心灵充满垃圾。如果缺乏有益心灵健康的主流文化，社会就会陷入混乱。

周：现在就是缺乏。

济：所以现代人混乱浮躁，资讯这么发达，但铺天盖地的都是什么？是精神雾霾。

林铭述 摄

畏冰 摄

道德与修行

世上有两样东西,我们思索越久,越是充满赞叹和敬畏:那就是头顶的星空和内心的道德。——康德

世尊告诸比丘:有二净法,能护世间。何等为二?所谓惭愧。——《杂阿含经》

道德建立在智慧的基础上

周：佛教在道德问题上的基本主张是什么？

济：道德是对人类行为合理性的探讨。也就是说，道德是帮助我们确定行为的合理性，从而进行选择。佛法认为，生命是无尽的积累，今天的人格是过去行为的积累，也是过去心理活动的积累。这些行为和心理活动造就了我们的人格，也决定了我们成为什么样的人。这就涉及一个问题：生命到底有哪些可能性？如果我们不了解生命的可能性，就不能确立目标；如果不能确立目标，又何以建立相应的行为？

周：所以，前提是对生命要有正确的认识？

济：对生命真相和发展规律的认识，是道德建立的基础。缺乏这一基础，倡导道德会非常空洞。人们会觉得，实践道德和我有什么关系？有什么意义？又或者，表面虽然在遵循道德，实际是被动的，甚至是做给别人看的。如果认识不到遵守道德和自身生命的关系,往往会无奈地"被道德",无法成为主动自觉的行为。只有确定生命目标之后,基于对人生未来的选择,才会自觉遵循相应的道德。因为这是自己的选择,不是来自他人的要求,我们清楚地知道,为什么要这么做,这么做的意义是什么。

周:自律是道德的题中应有之义,不自律就不成其为道德,而只是服从。要能够自律,就必须是出于自觉的选择。在佛教中,大乘小乘都看重智慧,大乘除智慧外还强调慈悲。我觉得智慧对于道德很重要。现在理解道德往往很狭窄,好像就是一些社会性的规范。中国有这个传统,早期儒家像孔子、孟子还好一些,后来越来越把道德完全看成社会稳定的工具了,离道德的本义越来越远。实际上,一个人道德品质好还是不好,很大程度上是取决于他是不是想明白了人生的道理,觉悟的程度怎么样。智慧是道德的重要基础,佛教强调智慧对道德的重要作用,这是重要的贡献。这一点在其他的哲学和宗教里是欠缺的,至少没有强调。

济:确实,佛教认为智慧是道德建立的基础。没有智慧,道德只是机械的行为。认清生命真相和发展规律之后,才会主动自觉地遵循道德。当我们了解道德对生命的意义和价值之后,基于对自身生命的负责,自然会选择正向、健康的行为,因为自己就是道德行为的受益者,而且是最大的受益者。至于其他,只是道德行为的副产品。

周:它实际上是你自身生命本身所必需的,不是一个外来的约束,是生命本身开发出来的一个东西,这就大不一样了。

济：正因为不是建立在智慧认识的基础上，所以不少人把道德视为教条。从某种意义上说，佛教的整个修行过程，也可以理解为是实践道德的过程。从基本的道德到高尚的道德，你选择什么，不是他人要求你的，而是取决于你对自己的要求。如果说法律是社会的要求，那么，道德就是自我的要求。你对自身有什么样的期许，就要遵循什么样的道德。

尊严感和惭愧心

周：佛教强调智慧是道德的基础，这一点是很特别的。在道德学说上，西方哲学主要有两派。一派由英国哲学家为代表，比如亚当·斯密、约翰·穆勒，强调同情是道德的基础。作为生命，人对别的生命会发生同感，能够推己及人、将心比心。就此而言，和大乘的慈悲比较接近，如果说智慧是生命的觉悟，慈悲就可以理解为对别的生命的同情。西方还有一派哲学家主张，人是有灵魂的，人身上是有神性的，所以做人是有尊严的，这种因为身上有神性而产生的尊严感是道德的基础。实际上这也是基督教的观点。佛教没有灵魂的概念，如何看待人的尊严这个观念呢？或者是不是说，有智慧做基础就足够了？

济：佛教是从不同层面来谈道德问题。比如慈悲，就是作为菩萨的道德基础。但你刚才讲的，单纯以同情作为道德基础，恐怕是不完整的。因为即使不强调同情心，一样可以做有道德的人。道德不仅有利他的层面，同时有自利的层面。从究竟意义上说，每个众生都有佛性，这才是道德开展的基础。反之则是魔性，是犯罪及一切不良行为的基础。这是从生命的根源来说。

周：魔性是什么？是不是蒙在佛性上的尘垢？或者还有另一个源头？

济：所谓魔性，就是无明引发的贪嗔痴，属于心灵尘垢。至于佛性，是从形而上的层面来说。从形而下的层面，从具体实践来说，是通过惭愧心来建立道德。

周：这是哪个宗派说的？

济：这是佛教的基本思想。"惭愧"二字在经论中经常出现，仅《大正藏》就有七千多处。"惭"和"愧"分别出现的话，各有一万多处。惭愧是什么呢？惭是觉得自己德行不够，常怀惭念而生善；愧是怕自己作恶受人讥评，常生愧心而止恶。简单地说，就是羞耻之心。

周：惭愧心是建立在什么基础上？为什么会惭愧？是因为佛性起了作用，意识到自己做了有悖于它的事情？

济：惭愧的基础有两个方面。一方面，很多人内心都会有善的力量，因此就会不断提醒自己，什么能做，什么不能做。另一方面是与教育有关，比如我们接受佛教的教育，或是儒家、基督教的教育之后，会对自己的身份有一种期许，并建立相应标准。当我们做了有违这个身份和标准的事，自然会心生惭愧。如果没有标准，可能就觉得理所当然。

周：实际上就是一种尊严感。因为有尊严感，所以做了有悖于尊严感的事情就会产生惭愧。儒家也有这个思想，孟子说"羞恶之心，义之端也"，羞恶之心就是羞耻心、惭愧心，是道德的开端。

济：儒家认为良知是道德的基础，宋明理学也讲到"良知良能"，这和佛性的思想有一定相似之处。其中包括两个因素，一是先天因素，每个生命积累的善业不同，所以对道德、良知的反应程度也不同。二是后天教育建立的标准。基督教讲人有灵魂，所以要有尊严，这也是教育的结果。如果没有教育，他不会觉得自己有灵魂或神性，也不觉得要重视尊严。这是通过教育形成的标准。

以无所得之心求利益

周：佛教如何看待利益的追求？

济：我们生活在这个世界上，利益是维护基本生存的需要，不可能完全不要，这没什么不对。佛教也是通过对因缘因果的解读，鼓励我们追求正当的利益。利益要重视因果，要与善和道德相结合。通过道德的行为，才能获得真正的利益。这样的利益，不仅对眼前有益，还对未来有益；不仅对自己有益，还对他人有益。反过来说，不道德的行为是不可能给我们带来真正利益的。

周：实际上也不否认利益的动机，但是强调要用正当的手段，不可损人，最好还能利人。在这一点上，中外道德是共同的。

济：当然，佛法还讲到更高的层次，就是对利益不能执着，要有无所得的心。只是对普通信众来说，还是会说明利益的合理性，以及如何得到利益。

周：佛教对普通大众有一些方便说法，其中有策略的成分，是为了能让他们容易接受。从教理本身来说未必正确，或者说，根本宗旨是不一样的。

济：虽然是方便说，但不会有根本性的差异。弘法要契理契机，契理就是契合佛法义理；契机是契合当下受众的程度。所以，佛教会根据人的需求层次，对他们提出不同的要求。如果对方的目标只是半山，不能一下子高出太多。有的人可以一下子到达山顶，有的人需要一步步引导。普通百姓都希望幸福平安，这是正常需求，本身也是合理的。当然，这种需求还要不断提升。很多人在物质贫困时，希望通过积聚财富获得幸福，现在什么都有了，还是没有幸福感和安全感，显然是内在的心灵问题。佛法对人的作用不只是外在的，更重要的是作为心灵智慧，引导我们解除痛苦、烦恼和不安全感。如果内心没有改变，任何外在改变都是短暂的，不究竟的。

周：道德有两个层面。一是个体生命的层面，肯定个人对合理利益的追求，但必须遵守规则，不可损害他人的利益。另一个是灵魂的层面，人要有信仰，有精神追求，在这个高度上看淡一切利益，不执着。在利益的问题上，道德应该起这两个作用，第一用正当的手段追求利益，第二超脱利益。中国儒家的道德过于强调社会性的层面，不重视个体生命和灵魂，就不能很好地起这两个作用。

济：这种强调无形中会把人导向一种功利。一方面，中国人往往把道德和利益对立起来，这种对立就使人对道德产生恐惧感，或是嘴上讲着道德，内心想着利益，成了口是心非的伪君子，这样问题更麻烦。另一方面，如果一个社会缺少信仰，缺少高尚的精神追求和人格典范，人们自然会把外在的物质追求当作最高目标，看到的只有财富、权力。为了利益的最大化，就会不择手段。连食品、医疗这些直接关系到生命安全的行业，都会有各种匪夷所思的造假事件，已经触及了道德的底线。

周：儒家道德的问题，实际上有两点。一是把义和利对立起来，完全否定个人利益，这是很大的问题。利己是本能，否定的结果就是造成虚伪。另一个是没有一种更强大的力量来约束对利益的追求，就是超越性的信仰。结果，在利益的问题上，一方面很看重，不超脱；另一方面又很纠结，不能正大光明地追求。

济：儒家道德缺少哲学的内涵，就变成了机械的道德，仅仅是行为规范，缺乏让人信服的力量。而佛教提倡的道德有雄厚的理论背景，把遵循道德的原理说得清清楚楚，告诉我们，这样做对自己和社会的价值是什么，不这样做的过患又是什么。哪怕基于对自身的负责，也应该遵循道德，就很有说服力。

周：人生智慧是道德的根本，而儒家是要让你当驯服工具，不需要智慧。孔子不是这样，祖师爷还是好的，往后就变味了。

成佛不是评职称

周：佛教认为智慧是建立道德的基础，那么，反过来说，智慧的缺失就是道德堕落的主要原因。佛教中有贪嗔痴的说法，这三者是不是智慧缺失的具体表现，因而也是对道德堕落原因的一个具体分析？

济：生命有迷惑和觉悟两个系统。迷惑系统中有种种心理活动，佛教将之归纳为贪嗔痴，其中又以痴为根本。痴就是迷惑，由此引发贪嗔之心，对喜欢的想要占有，对不喜欢的加以排斥。在佛教心理学中，烦恼主要是以贪嗔痴为根本。佛陀真是有大智慧，用三个字就概括了凡夫的整个生命状态。

周：那么，贪嗔痴主要是指心理活动，烦恼的三种形态，而根源是迷惑，也就是智慧的缺失。

济：是的，痴是由于对生命不了解，从而产生各种错误认知。又因为错误认知而看不清，所以向外寻求依赖。既然你把自己丢了，自然会把外在的身份、地位、身体作为支撑，想要牢牢抓住。事实上，这些都是抓不住的，所以导致焦虑、恐惧，缺乏安全感。一旦贪著对象受到冲击，就会引发对立和嗔恨，这是最具破坏性的情绪。

周：作为有情，人不可能没有情绪，包括一些负面情绪，诸如烦恼、愤怒之类。

济：从心理学的角度来说，有贪嗔痴是正常的，只是当它们过度时，才会引发心理疾病。但佛教认为，只要还有贪嗔痴，就是轮回中的病人。这也是佛教和心理学最大的不同之处——心理学是解决贪嗔痴引发的异常心理，而佛教是要从根本上铲除贪嗔痴。

周：《楞伽经》里说："正觉本身亦无本质，故实无所悟。"所以，执着于有悟仍是迷惑，悟到烦恼即菩提方是悟的境界。这么来看，要把烦恼铲除干净岂不也是迷惑？

济：这个问题的关键，在于"执着有悟"，认为成就佛果就像我们评职称一样，或是认为证得菩提就像比赛得奖杯一样，那的确是一种迷惑。在我们一般的认识上，是说有烦恼有菩提，说修行过程就是断除烦恼、成就菩提。但从究竟的层面而言，烦恼的本质就是菩提。修行就是以般若智慧观照，体认到烦恼的虚幻，当下就能证得菩提。正是在这个意义上，才有"烦恼即菩提"之说。同时，体证菩提不仅超越能所，也超越有所得的心，所以《心经》说："无智亦无得，以无所得故，菩提萨埵依般若波罗蜜多故，心无挂碍。无挂碍故，无有恐怖，远离颠倒梦想，究竟涅槃。"相反，如果我们执着于烦恼的实在性，执着于烦恼的断除，生起对立之心，认为有正觉可成，依然是迷惑的认识。

周：心理治疗是解决已经表现出来的心理疾病，这个疾病已经严重得使人不能正常生活了。

济：如果有一些贪嗔痴，不太过分，在大家眼中，还是一个正常的人。

周：但佛教就不认为有正常的贪嗔痴？从心理学的角度来看，能不能说，贪嗔痴概括了三种不同的负面心理现象，贪是欲望，嗔是情绪，痴是心态？

济：是三种现象，但不能用欲望或情绪去概括，不太准确。

周：准确地说，贪嗔痴是三种主要的烦恼，是世间悲与苦的主要根源。佛教中还有一个说法，就是戒定慧。可不可以说，戒定慧是断绝这三种烦恼的对应方法，戒可除贪欲，定可除嗔恚，慧可除愚痴？

济：戒定慧是铲除贪嗔痴的途径，但不是一一对应的。当然，贪嗔痴的重点在于"痴"，而戒定慧的核心在于"慧"。以慧剑断愚痴，就在根本上解决问题了。那为什么还要说贪嗔痴呢？因为贪和嗔就是"痴"发展出来的，也是我们最容易感知到的烦恼，可以作为具体的对治目标。至于戒和定，则是开启智慧的基本途径。戒律让我们奉行简单清净的生活，为修定打好基础。修定则是将闻思正见转化为观照力的必要途径。佛法修行提倡"闻思修"，闻和思都是在理性层面的，而空性慧是证得的，不是以思维可以抵达的。在思维法义和证得空性之间，要有一个转化，一个质的飞跃，这就离不开修定。戒定慧在佛法中称为三无漏学，基本理路是由戒生定，由定发慧。但这不是说，有了戒就必然有定，有了定就必然有慧。而是说，得定离不开持戒，而开发智慧离不开定力。

周：如果把贪定义为执着于外物，把外物当作自我，因此丧失自我，那么中西哲学家基本也都是否定的。

济：佛法认为，贪著的对象包括"我"和"我所"，这是作为自我存在的两种依托。我们认定身体为"我"，会对身体产生强烈贪著。此外，"我"在世间的生存需要支撑，如财富、地位、名誉等，让我活得更好，所以会对这些产生贪著，即"我所"。

周：根源还是在"我"，没有"我"就没有"我所"。这里就会有分歧。一种观点是，对"我"是肯定的，就像庄子说的，不能"丧己于物"，把"我"丧失在"物"里面，迷恋外物才是贪。佛教的观点是"无我"，不存在所谓"自我"，把"我"也否定了，执着于自我也是贪。

济：人因为无明，看不清自己，看不清世界。虽然看不清，但并不自知，总以为自己所见是正确的，真实的，从而产生错误认定并执着于此，带来种种烦恼。当人陷入烦恼时，又会带着烦恼看世界，继续强化错误观念和不良情绪。这也是轮回的过程。

周：心理过程和能量的轮回，这是佛教最特别的学说，也是常人最难理解的。

济：从佛法角度来看，每个生命都遵循着相应的轨道。轨道的源头，就是各种情绪和需求形成的心念相续。这种相续像瀑流一样，从心念的相续导致生命现象的相续。

周：不光在这一世延续，而是在一世又一世延续。

济：这种相续是连绵不绝的。在相续过程中，又会形成各种心理现象，造就新的生命相续，轮回即由此而来。众生在这种延续中往往身不由己，所以会伴随焦虑、痛苦、烦恼。修行，就是要从这种不自觉的生命相续中走出，摆脱惯性。从随波逐流到把握方向，从不能自主到当家做主。

周：怎么才能走出？

济：内心的每一种不良习性，都是制造轮回的力量。当你没有正确方法时，要摆脱这些习性确实很难。当你找到生命内在本有的智慧时，就没什么难的了。从佛法角度来说，所有情绪和烦恼其实是没有根的。

周：说起来容易，对于一般人来说，其实很难达到。我觉得一般人懂得做人的基本道理，就可以了。

济：当然，迷惑的生命也不是一无是处。在它的发展过程中，也会产生善的心理，善的力量。但不论善或不善，都没有离开迷惑的系统。即使我们在做善事，还是在一种迷惑的状态下去做——这是我们需要正视的现实。虽然我们有佛性，但在修行没有达到一定程度时，这种觉醒的力量是虽有若无的。

周：在做人的问题上，佛法强调生命智慧的开启，而不是道德原理的探讨和道德规范的遵守，这一点是很特别的。

济：佛法特别强调正见，即如实见。如实，就是符合事实真相。生命真相到底怎么回事？你只有看清以后，才能摆脱错误认知。

周：在正确认知的基础上还要修行吧？

济：佛法修行的核心，也是要我们如实认识世界。

周：总得有具体的路径和方法吧？

济：首先要听闻正法，接受智慧的教育，这样才能确立目标，在内心形成正向力量。进而强化这种力量，完成生命的转依。唯识宗提倡多闻熏习，就是要不断接受智慧熏陶。这也说明了教育的重要性。现代人之所以会有很多错误认知，就和从小所受的教育有关。这种先入为主的认知，形成了难以改变的错误模式。

把修行落实到生活

周：佛法是心法，修行应该是心的转变。

济：转变心是佛法修行的根本。但如何改变，不同宗派有各自的方法。唯识宗有个概念叫"转依"。"依"就是生命存在的依托点，包括染净依、迷悟依。染净的依托点是第八阿赖耶识，这是杂染世界和清净世界开展的源头。唯识宗认为，在阿赖耶识中有无始以来的种子，我们所有的生命经验都储藏在这个叫阿赖耶识的超级仓库里。其中，从有漏种子展开杂染的世界，从无漏种子展开清净的世界。转依就是要转染为净，即转变染污，开发清净。

周：每个人来到这个世界的时候，都已经是带着种子来的。

济：种子是在无始以来的生命延续过程中，所有言行举止乃至起心动念在内心形成的力量。我们每天说话做事，都是在内心播种。杂染的种子会给生命制造烦恼和痛苦，而清净的种子会帮助我们走向觉醒和解脱。

周：迷悟的依托点是什么？

济：迷悟的依托点，即迷惑和觉醒的基础，关键是能否了达空性。不了达空性会陷入迷妄，了达空性则会成就解脱。

周：是不是可以说，修行就是转依？

济：对，佛法所有的理论都是为这个核心服务的，不只是为了说些道理，而是要通过禅修落实到心行，有很强的技术性和操作性。通过修行，才能离苦得乐。佛教正是围绕这样一个核心，安立种种法门和修行。

周：心是转依的唯一场所，因此，关键是要做心的主人，对不同的种子进行识别和选择。

济：所以，学佛就是对心的认识、调整和转变。

周：染净和迷悟是不是从善和恶的角度来判断的？

济：善和恶是比较基本的层面。佛教有个偈颂，叫"诸恶莫作，众善奉行，自净其意，是诸佛教"。首先认识到什么是善，什么是恶，以止恶行善为准则。当然，最初的善未必纯净，行善时也可能夹杂各种欲望、贪心甚至不良动机，这就需要"自净其意"。不仅要不作恶，还要使善逐渐纯净，最高则是无相、无住、无所得的善。所以说，善也有层次的不同。

周：恶的根源就是染和迷吗？还是另有根源？

济：染和迷属于恶的根源，因为迷惑而有种种染污，产生我执、贪嗔痴等一系列问题。

周：有漏和无漏是指什么？

济：漏是烦恼的别名。所谓有漏，就是由迷惑烦恼形成的种子，由此构成的生命是不纯净的，虚妄而有缺陷的，而无漏种子构成的生命是纯净、快乐和自由的。

周：修行就是要转有漏为无漏吗？

济：不是说把有漏变成无漏，而是要舍弃有漏种子，开显无漏种子；舍弃迷惑，开显觉性。当我们对生命有了正确认识之后，就能发展良性心行，断除不良因素。生命内容就会随着这些选择不断改变，从而对生命发展有一份主动权。

周：在修行过程中，舍弃和显现是同时进行的，还是先舍弃再显现？

济：两者是相辅相成的。在修行过程中，我们首先要建立正确观念，即正见。因为有正见引导，就可以摆脱错误观念形成的不良心行，培养良性心理。在此过程中，我们需要不断摆脱负面心理，重复正向心理。随着正向心理的强大，摆脱负面心理的力量也会随之增强，反之亦然。

周：具体来说，修行的路径是什么？

济：佛教虽然有很多不同的宗派和法门，但所有宗派都是导向解脱道和菩萨道。两条道路的核心都是解脱，不同在于，解脱道偏向个人解脱，而菩萨道不仅要自己解脱，还要帮助更多的人走向解脱。

周：这两条路能不能用智和悲来标志呢？

济：解脱道倾向于智慧的成就，没有特别发展慈悲心，自己解脱，就"所作已办，不受后有"了。菩萨道则是在智的基础上，进一步强调慈悲的成就。但这不是说，一条单是悲，一条单是智。智慧是佛法修行的根本，作为菩萨来说，也需要智慧才能解脱。没有智慧的话，就是泥菩萨了。

周：现在许多人参加各种禅修、内观、瑜伽等活动，成了一种时髦。修行只有这一种方式吗？

济：修行，有封闭式的密集修行，也有生活中的随时运用，两者是相辅相成的。阶段性地集中时间用功，可以培养定力，熟悉并掌握某种用心方法，但最后还是要把修行和生活打成一片。如果在特定时间、以特定方式才能修行的话，你能有多少时间在用功呢？功夫又用得怎么样呢？所以在掌握正确方法之后，还是要落实到生活，通过各种境界来磨炼和检验，所谓历境炼心。当我们在一个安静的环境里呆着，可能自我感觉良好，似乎什么烦恼都没了，但走到红尘里，面对各种人事还能八风吹不动，才是真功夫。当你面对逆境和痛苦，或是荣誉和赞叹，再来看看，心还能不能如如不动？

周：现在流行的修行，有两个特点。一是集体行动，由一个法师带领一大群人进行。二是脱离日常生活，在特定时间和空间里进行。我本人认为，修行一方面应该是很个人化的事情，另一方面应该是每天都要做的事情。最好的修行，是不刻意修行而无时无刻不在修行，若在无形之中。

济：无时不在修行之前，需要经历一个比较刻意的阶段，让心保持稳定的觉知，才有能力把这种觉知带入生活中。所以禅修也很重要，当然这需要有正见的基础，并在师长指导下进行。禅修本身不是佛教特有的修行，印度很多宗教都修习四禅八定，中国道家也有类似的修法。现在，很多灵学、心理学及相似佛法，也从佛教或印度教中吸收一些内容，加上个人经验，演绎出各种似是而非的禅法，这个是需要辨别的。

周：对，名目繁多，往往还自吹自擂，似乎有天下第一神效。其实，其中许多只是生意经罢了。

济：禅修的目的是探讨生命真相，同时也是一门调心技术，其过程非常微妙，有很多境界需要判断和抉择。这就需要有经验的明眼师长引导，否则很容易出偏。所以我们准备禅修时，为了安全起见，最好在传统法门中选择比较权威的方式，少接受那种新兴的、各种理论嫁接在一起后形成的禅法。

周：两者如何区分？

济：禅修对生命的改造不是一个点，而是一个系统。而各种新兴禅法往往是围绕某个点，或是个人经验的放大，理论模糊，效果也缺乏长期验证。佛教的禅修，自佛陀证道后，在几千年的流传过程中，不断被祖师大德的修行所验证，从理论指导到实践经验都非常完备。八正道中，首先就要有正见、正思维，然后是正确的生活方式，再到正念、正定的禅修。正因为禅修在修行的重要作用，所以如何选择显得非常重要。

周：一般信众如何选择？不妨给他们提点建议。

济：我觉得，南传的内观禅法入手简单，比较适合大众。就禅修来说，除了掌握相应方法之外，学习经教（闻思）、建立认识（正见）和正确动机（发心）都很重要。真正有心学佛，我建议还是要按照次第来系统学习，掌握佛法的基本正见。仅仅参加几次禅修，所得往往是特定状态下的体验，不容易把这种经验延伸到生活中。真正在面临选择或逆境时，还是不容易用得上力。

人性有差别吗？

周：佛教有声闻乘、菩萨乘之分，修行的要求有何不同？

济：在声闻乘、菩萨乘之外，还有人天乘，三乘有各自的道德要求。可以说，道德贯穿着佛教的整个修行，其中最基础的是人天乘的五戒十善，这和儒家的五常、基督教的十戒有相通之处，重点就是做一个好人。我们现在是人的身份，就要有符合这个身份的行为，才能保证未来继续做人。

周：人天乘包括所有的人，其道德要求实际上就是做人的道德底线了。

济：进一步，是声闻乘的道德，是为解脱服务的。

周："声闻"二字的含义是什么？

济：简单地说，就是听闻佛陀说法音声而悟道的人。佛世时，很多弟子追随佛陀出家，他们听到佛陀阐述的四谛、八正道、十二因缘之后，断除烦恼，解脱生死。这样一批人叫作声闻，也就是后来所说的小乘。他们修行的目的，主要是为了自己证得涅槃，不再轮回。更高一层就是菩萨的道德，是以成佛为目标。不仅要自己解脱，还要帮助一切众生走向觉醒。它的特点是慈悲，这是成为菩萨的关键。

周：成为人天乘，还是声闻乘、菩萨乘，这可以自由选择吗？这三乘是固定的分类，还是一个阶梯，可以一步一步往上走？

济：作为意愿来说，是可以自由选择的。但可能性有多大？又是另一个问题。就像你想成为总统，想是可以想，但能不能做到？还需要很多客观条件。从究竟意义上说，众生是平等的，但就显现而言，还是有巨大的差别。在《瑜伽师地论》中，就把人分为不同种性，有菩萨种性、声闻种性、缘觉种性、不定种性，甚至还有无种性，认为这部分人根机太劣，没有办法成佛。

周：我觉得说得对。

济：有些人的确比较难，还有些人会比较容易，这和习性有关。但从汉传佛教的主流思想来说，更认可"人人皆有佛性，皆能成佛"的观点。每个人在生命延续中形成的习性不同，这种习性经过漫长的积累，想要改变确实很难很难。

周：因为积累的习性不同，或者说因为天生的悟性不同，是不是修行的手段也不同？

济：佛法是应机设教，根据众生的不同根机，而有种种法门的设立。即使在一个宗派中，还会有进一步的细分，比如禅宗的顿悟和渐修。顿教对根机要求比较高，是对上根利智者所说，直接告诉你向上一着，把最精髓的部分指给你。而对那些根机比较钝的人，则会用渐修渐悟的方式加以引导。

周：钝和利应该是慧根的差别吧？

济：钝和利的差别，取决于心灵的尘垢。所谓利根，就是无明烦恼很少，心本身在比较空灵的状态，再有明眼善知识善巧点拨，就能"直指人心，见性成佛"。反之，如果无明烦恼很多，就像被乌云层层遮蔽的天空，内在的智慧光明难以显现出来。这就需要通过渐修把尘垢清理干净。

周：这也可以说是种性的差别吧？

济：根机利钝和种性还不太一样。种性是唯识宗的思想，是根据人的性格特点分为五种性。比如有的人偏于自了，就属于声闻种性；有的人富有爱心，就属于菩萨种性。

周：种性也有善恶道德层面上的区别吗？

济：在佛教中，种性是指人们因为往昔生命经验的积累而形成的不同习性，不是道德层面上的区别。

周：习性和天赋是两个概念吧。

济：习性和天赋有关。因为你的习性，造就了某种天赋。有些人特别喜欢读书，来生学起来会感觉驾轻就熟；有些人特别喜欢艺术，来生一接触很容易有所领悟。这种例子在生活中比比皆是。此外，有些人会形成贪婪的习性，有些人会形成自私的习性，有些人会形成慈悲的习性。总之，我们发展什么心理，它的力量就会特别强大，进而成为心理主导。

周：这还是侧重善恶的一面，根机的利钝是什么？

济：不同种性中，还有根机利钝的差别。或者说，在利根或钝根中，也有不同种性。比如在菩萨种性中，有菩萨种性的利钝；在声闻种性中，有声闻种性的利钝。此外还有一阐提人，属于无种性，但我觉得这种说法也不是绝对的。每个人都是善和恶的综合体，差别只是在于，有些人善的力量比较大，有些人不善的力量比较大。

周：所以有两个层面。一是种性，即慈悲程度的差异。二是根机，有利钝的差异。这二者之间又有交叉。

济：生命是无尽的积累。每个人的积累不同，就形成了不同的生命起点。因为起点不同，你会发现，有些东西学起来很容易，有些东西学起来很困难。而对其他人来说，他们的所长和不足，也许和你恰恰相反。

周：佛教说众生平等，可是又承认生命的起点不同，好像又是不平等的。

济：这种不平等的显现，正是基于平等的规律。如果今生的善恶积累不同，来生就一笔勾销，全部从头再来，那才是不公平。在因果面前，每个人都是平等的。你有什么样的行为，就会带来什么样的结果，谁也无法投机取巧，无法将不属于自己的成果纳为己有，或是将属于自己的果报推给别人。所以佛法认为，应该从行为来判断人的高低，而不是从身份和血统。如果你的行为高尚，那你就是高尚的；你的行为低贱，那你就是低贱的。今天的行为，决定了你的未来是什么，你的生命品质是什么。

周：前世轮回中的种子，我无法对它们有任何影响，但这些种子的力量可能很大，是我对抗不了的。所以，我的现世行为在很大程度上是由这些种子决定的。如果种子总体上是不好的，那我的行为肯定是不好的，我能对它负责吗？人有多大的力量来对抗这些现成的种子的力量呢？

济：很多人对自己的言行的确是身不由己的，因为生命已经形成强大的惯性，人在这些习性中根本就看不清楚，只能被它左右。如果一个人缺乏智慧，就不可能反省和修正自己。所以，接受智慧的教育很重要，这样我们才能看清，生命中什么是有价值的，什么是没有价值的。因为看得清，才知道如何正确选择。

周：这说明价值观很重要，而人在相当程度上可以支配自己的价值观，这就是突破口，通过支配价值观来改变好坏习性之间的力量对比。

济：佛法告诉我们，虽然生命中积累了很多不良种子，但我们也具备解决问题的潜力，同时，佛陀还给我们指出了开发这种潜力的方法。佛经讲到这样一个故事，一个亿万富豪的独子从小走失，在外流浪。虽然他名下有很多财富，但他一无所知，只能四处乞讨。我们的生命现状也是这样。每个众生都拥有无尽宝藏，但因为我们不知道，所以让生命充满匮乏感。

周：耶稣说要积聚天上的财富，不要积聚地上的财富。这和佛陀的思想是一致的，天上的财富属于每一个众生，但许多人不知道，拼命在寻找地上的财富。

济：正因为如此，佛陀一再告诫我们：寻找自己比寻找什么都重要。如果没有一种智慧的教育，人生真是悲哀。因为看不清，就会对一切充满困惑，充满无奈。就像有的哲学家，有一定慧根，能看透人生的荒谬和虚幻，知道什么没有价值。但究竟什么才有价值？怎样才能找到最有价值的？让他们很痛苦。所以，认识到生命最大的价值，并有正确手段去实现，才是更重要的智慧。

鲁飞 摄

觉醒与解脱

我唯一所知的,是我一无所知。——苏格拉底

菩提般若之智,世人本自有之。只缘心迷,不能自悟。——《六祖坛经》

解脱是当务之急

济：佛法的整个教理都是为解脱服务的。现代人最大的特点就是躁动，各种情绪在内心波澜起伏，让人不能自主，甚至失去休息的能力。因为人们的快乐来自欲望，而欲望是充满渴求、永无止境的，这就使人疲于奔命。当那么多现代化设备把我们从琐碎的工作和家务中解放出来，我们轻松了吗？恰恰相反，我们更累了，压力更大了。所以说，没有一个人不需要解脱，不想要解脱。

周：确实如此，现代人非常忙碌，但并不幸福，普遍缺乏安全感。

济：为什么普遍缺乏安全感？就是因为我们的贪著太多。当你对某个东西过分在乎时，它就会成为你生命的支撑。一旦失去这个支撑，就变得无所适从，难以平衡。而当这个支撑是唯一的，甚至会让人彻底垮掉。

周：如果只是向外寻求人生的支撑点，这个结果几乎是必然的。人必须有内在的支撑点，才会真正有力量。

济：从佛法角度来说，生命本身是自足的，完整而独立的。只是因为我们迷失了自己，所以才要向外寻求支撑。但任何外在支撑都是无常的，不可靠的。如果对某个东西过分执着，它的任何一点变化，都会让我们为之欢喜为之忧。

周：人必须有内在的支撑，有对人生的正确认识和信念，才能做自己人生的主人。

济：其实我们都知道，世间没有什么是永恒的，但这不能阻止人类对永恒的幻想——希望感情天长地久，希望事业千秋万代。为什么会有这样的幻想？正是被执着所蒙蔽。执着越深，由此而来的幻想就越多，依赖就越多。有了依赖，自然会有依赖得不到满足时的失落，进而还会引发焦虑、紧张、痛苦等负面情绪。比如现代人都依赖手机，一旦手机丢了，或是没带在身边，就会紧张焦躁，甚至坐立不安。这不是手机的问题，而是依赖的问题。

周：手机控，各种各样的控，对外在东西的依赖越多，就越是被控。事实上，那些为财产、权力、地位、名声而活着的人是最不自由的。

济：所以现代人都活得很累。可问题是，好不容易有了休息时间，又要用各种娱乐把它塞得满满的，最后把自己玩得筋疲力尽。

周：现代人的确连休息的能力也没有了。

济：解脱就是彻底的休息。当我们通过禅修平息内心所有躁动之后，就能证得空性智慧。安住于空性的状态，才能体会到生命内在的安静和喜悦。这种来自空性的喜悦是纯粹的，不夹杂任何痛苦。

周：不但芸芸众生，而且哲学家也需要解脱。我看佛经里说，有的人苦思宇宙和人生的问题，寻求终极的答案，可是如果说在答案没有找到之前就不能修道，那就谁也没有修得道死亡即已来临。这说的其实就是哲学家，或者有哲学性苦恼的人。我觉得说得很有道理。

济：佛经里还打了一个比方。有个人被毒箭射伤了，亲友急着要请医生给他治疗，这人却说："等一下，我要知道射这支箭的人是男是女，什么出身，弓、弦、箭是什么材料做的。在这些问题没有完全弄明白以前，不可拔箭。"那么结果会怎么样呢？不用说，在这些问题还没弄明白之前，一定毒发身亡了。

周：所以，修道和解脱是当务之急，不能等终极问题解决之后再进行。事实上，很可能正是在修道和解脱的过程中，终极问题得到了解决，不一定是找到了答案，根据佛法的精神，应该是摆脱了对终极问题的困惑和执着。

点亮智慧，照破无明

济：印度所有宗教普遍认为，造成人生痛苦的原因，是无明、欲望、贪著和错误想法。

周：佛教也一样吧？

济：有相通之处，也有不一样的地方。比如说，无明是痛苦的根源。那什么才是智慧的认识？虽然你认识到无明的过患，但你建立起来的认识，可能还是属于无明的范畴，只不过自己以为是正确的。

周：障碍在哪里？

济：障碍有两种，一是所知障，一是烦恼障。为什么我们不能正确认识真理？就来自认识上的障碍，其根源在于生命内在的无明。佛法认为，每个生命既有觉醒的力量，也有原始的蒙昧，即无始无明，根本无明。

周：这个根本无明是不是人与世界固有的关系造成的，这种关系必然导致某种执着？

济：还说不上执着，它是迷惑生命产生的根源。因为有无始无明，使我们看不清生命的真相，也看不清世界的真相，所以它是认知的障碍。因为这种障碍，就会导致错误认识，进一步发展出烦恼。在佛法修行过程中，必须不断消除这两种障碍。当二障彻底消除之后，生命才能达到完整的觉醒。就像天上的月亮，我们有时看到的是半个，有时看到的是小半个，有时甚至完全看不到。不是月亮在变化，而是它被不同程度地遮蔽了。修行，就是不断消除遮蔽的过程。

周：我以前以为，无明是一种人生不觉悟的状态，不知道还有无始无明。无始无明的根源是什么？

济：哲学喜欢追问第一因，追问最初是怎么产生的，而佛法认为，无明是无始的存在。生命有两个面向。西方哲学说"人有魔性，也有神性"；中国哲学说"人人皆可为尧舜"，也说"人与禽兽相异几希"。而佛法认为，人有明和无明两面。明是代表觉醒的状态，无明是代表迷惑的状态。当你没有体认到智慧时，生命是处在迷惑的状态；一旦体认到智慧，就进入觉醒的状态。就像光明和黑暗，光明出现时，黑暗就消失了。每个生命内在都有一盏智慧明灯，当这盏灯被点亮，无明当下就不存在了。当周边环境一片漆黑时，我们可能对这个环境有很多想象，不知道它到底是怎么回事。这种想象会让我们产生种种烦恼，落入这样那样的情绪，痛苦不堪。一旦光明出现，我们才会看到人生真相，看到世间真相，烦恼就没有立足之地了。

周：我本来以为，无明是由我执和法执而来。

济：无明是产生我执和法执的。

周：这点我就不明白了，如果说生命中原本就有无明的话，那就很难去掉。

济：在佛法看来，无明虽然是无始以来的存在，是生命中本来就有的，但这种存在是没有根的，是虚幻的存在，而智慧才是本质的存在。所以，一旦本质的存在彰显作用时，就会照破这种虚幻的存在。

周：请你具体描述一下，这是一个怎样的过程。

济：当心陷入一个念头时，这个念头会成为你的一切，完全控制着你。一旦你能体认到心就像虚空一样，那么，所有情绪不过是虚空中来来去去的云彩。不管念头是来还是去，是生还是灭，对你来说就没什么了。你看到念头的一切变化，但心是如如不动的。事实上，虚空才是心的本来状态，它是无限、圆满而自足的。只是因为我们的错误观念和设定，才使它变得狭隘扭曲。

周：如果说无明是蒙昧造成的，根源在认识，那么问题就在于改变认识。

济：因为无明，所以导致我们在认识上有迷惑。就像眼前有一层浓雾，使我们什么都看不清楚。

周：那么，无明就是人的心灵还没有被智慧照亮的一种状态。

济：其实，我们现在都处在无明的状态。人的内心时时有各种情绪产生，使我们不知不觉地为其左右。在此过程中，我们对自己的内心状态并不清晰，甚至在想要改变现状时，也是无能为力的。这就是一种典型的无明状态，

周：不知不觉就是一种无思考的状态。

济：不知不觉是有意识的，不是没有意识，只是缺少对自我的觉察力。

周：没有对自己的思考进行思考。

济：就像一潭水，当它在浑浊的状态，我们没法看清其中究竟有些什么。只有当水沉淀下来，才会变得清明透彻，其中再出现什么，就一览无余了。心也是一样，当我们躁动不安时，就像浑浊的水。这就需要通过禅修让心沉淀下来，才能看清每个起心

动念。

周：浑浊是因为受到外界的干扰，排除外界的干扰，就可以沉淀下来。这的确不仅仅是一个认识行为。接下来，对业已沉淀下来的心念进行观察，可以说是内省，是特殊的认识行为。

济：人对世界有不同的认识，这是源于"知"的差别。在佛教中，对"知"有两种不同看法，既有"知之一字，众妙之门"的赞誉，也有"知之一字，众祸之根"的批判。为什么会这样？因为"知"包括正知和不正知两种。所谓正知，又可分为几个层次。第一个层次，是指正确的认知；第二个层次，是通过禅修开发内在智慧，使心具有镜子般的觉照力，对内在的任何变化清清楚楚；第三个层次，是佛陀的正遍知，又叫大圆镜智，如实了知宇宙人生的一切。平常的人，心都处在不正知的状态。因为失去正知，就会产生妄知，即错误认知。

周：缺少正知，是因为失去，还是原本就没有？

济：原来有。《六祖坛经》说："菩提般若之智，世人本自有之。只缘心迷，不能自悟。"

周：每个人原来都有？

济：每个人原来都有。佛法认为，人人都有觉悟潜质，但要通过修行开发出来。换言之，这个宝藏是人人具足的，但能否开发出来，取决于每个人自己。

从觉醒到解脱

周：从三法印来说，解脱是佛教的一个主旋律。我觉得佛教的特点就在于找到一条路，能真正解除人生的各种苦恼。用什么办法解决？就是让你解脱。四谛法门最后也是要让你解脱，其他花言巧语都是假的。

济：解脱的确是佛法的核心。

周：从中西方的哲学和宗教来看，我大致归纳了五种人生观。第一是理性的人生观。这在西方哲学中是主流，让你理性地面对人生的各种问题，包括生死问题，因为死亡是不可逃避的自然规律，你就必须理性地接受。第二是道德的人生观。中国儒家是代表，要懂得做人的道理，把人做好，人生就圆满了，所以孔子说"朝闻道夕死可矣"。第三我称之为审美的人生观。以庄子为代表，把个体的小我和宇宙的大我融合为一体，进入"与天地精神相往来""与造物者游"的境界，但这只是一种主观的感受，其实是一种审美的境界。第四是信仰的人生观。最典型的是基督教，只要信仰上帝，相信灵魂不死，一切问题都可以解决。第五就是佛教，我称之为解脱的人生观。佛教有一整套智慧的教育法和具体的修行方法，对于解决生死问题也许是最彻底的。就解决人生的终极意义问题而言，理性的和道德的人生观实际上是在回避，认为不必考虑；审美的人生观给你一种朦胧的感觉，一个似是而非的回答；基督教给你一个完全肯定的回答，告诉你人生有终极意义；

我觉得佛教其实是告诉你，不存在终极意义，对终极意义的追求本身就是一种迷惑，要从这个迷惑中解脱出来。能不能这样说？

济：几千年来，人们始终在关心：我是谁？生从何来，死往何去？人为什么活着？对于这些生命永恒的困惑，所有宗教和哲学都试图做出自己的诠释。但它是不是合理的解释？是不是究竟的解决？

周：解脱是究竟的解决？

济：解脱的思想和印度的宗教文化有关。整个印度的文化、宗教、哲学，都是以追求解脱为核心。那什么才是解脱？在这个问题上，其他宗教或是理解为上升天堂，或是理解为梵我合一、进入重生等等。从佛法角度来说，解脱既意味着摆脱迷惑，也意味着对觉性的开发。如果没有开发觉醒的能力，根本就无法摆脱迷惑。

周：觉醒是不是摆脱迷惑的另一种说法，摆脱了迷惑，也就是觉醒？

济：对觉醒来说，仅仅摆脱迷惑是不完整的。解脱只是觉醒的一个方面，当然起到较为重要的作用。

周：印度其他宗教也好，基督教也好，都有一个代表宇宙本体的大我，叫神、梵天或上帝，都追求和这个大我合一的境界。佛教有没有这样的追求？我觉得，净土或极乐世界也好，成佛也好，都是象征性的说法。佛教并不是说，你最后就和释迦牟尼合为一体了，没有这种说法。成佛就是觉悟的意思，完全摆脱迷惑的意思，成佛就是一种彻底的解脱。

济：如果了解大乘菩萨的人格，就会看到生命的另一面。比如汉传佛教最具有代表性的四大菩萨中，观音菩萨代表大慈悲，大到什么程度？能对每个众生心生慈悲时，这种慈悲才是圆满的。文殊菩萨代表大智慧，包括通达真理、解除烦恼的根本智，也包括应机设教、引导众生的差别智。地藏菩萨代表大愿力，即"地狱不空，誓不成佛，众生度尽，方证菩提"的担当。普贤菩萨代表大行愿，做每件事都能以尽虚空、遍法界的无量众生为所缘对象，这种愿力是永无止境的，"虚空界尽，众生业尽，众生烦恼尽，我此愿力无有穷尽"，而且是"念念相续，无有间断"的。四大菩萨的精神和人格，就是对生命正向力量的开启。如果把这些当作象征性的说法，可能也就听听而已。但你认真体会一下这些菩萨的愿力，体会一下这种人格的伟大，会觉得无比震撼。

周：我原来理解小乘就是自己解脱，大乘是不仅自己解脱，还要让众生解脱，并不是说让众生过上幸福的物质生活、情感生活，而是要让他们解脱，所以佛教是否定性的。我并不认为这是佛教的一个毛病，反倒是其他思想体系所不具备的优点，否定性正是佛教的深刻之处。

济：你说的解脱比较偏向对负面的否定，但要明确，否定的是什么？不否定的是什么？这点非常重要。比如我们在生活中，可以带着迷惑来穿衣吃饭，也可以不带着迷惑来穿衣吃饭，要否定的是迷惑的心，而不是穿衣吃饭这件事。解脱也不是人们通常理解的什么都不做，解脱的核心是放下而不是放弃。我们要放下的，是内心的迷惑和执着，帮助你更有智慧地生活，是这样一个道理。

周：我也相信真正解脱以后会生活得更好，这一点我完全相信，而不是没有生活了。

济：同样穿衣吃饭，但因为你的心不一样了，世界也不一样了。不是说解脱了什么都不要，澄清这一点很重要。大乘佛教有一部《维摩诘经》，主角维摩诘居士是当时毘舍离城中的富豪，他整天在参加社交活动，出入宫廷、商家等各种场所。但他对世俗生活没有任何黏著，走到哪里都在给别人传播佛法，所谓"虽处居家，不著三界"。他不仅事业发达，还有德行，有智慧，深受大众尊敬。这部经典在汉传佛教影响非常大。

周：所以入世和解脱是可以兼顾的，该得到的时候就得到，该放下的时候就放下。

人皆有自救的能力

济：佛法认为，凡夫和佛菩萨的根本区别，就是迷和悟。从人格而言，凡夫和佛菩萨有着天壤之别，一个烦恼重重，一个悲智圆满。如果就这个结果来说，我们往往对修行没有信心，觉得自己永远不可能成就佛菩萨那样的品质。所以我们要去寻找两者的共同点，及最初的分歧从何而生？只有找到相同点，修行才有希望。否则就像蒸沙不能成饭一样，是不可能修出来的。

周：相同点就是觉醒的潜质。

济：是的。佛法认为，每个众生都有觉悟潜质。在佛性层面，众生和诸佛是完全平等的。为什么两者的显现如此不同？就在于迷和悟，即迷惑和觉醒的生命。《六祖坛经》告诉我们："前念迷即是众生，后念悟即是佛。"当生命陷入迷的状态，就像进入乌云，四顾茫然，不见天日。当生命进入悟的状态，就像进入晴空，万里无云，一片澄澈。迷和悟不过是一步之遥，云彩和蓝天也不过是一步之遥，只要跨过去，并不遥远。

周：用一个概念来概括佛教的话，是不是解脱？终极目标就是解脱？

济：用觉醒来表达，应该更完整。解脱还偏向否定。

周：如果对觉醒做广义的理解，那么可以说，一切精神导师都主张，人生的目标就是觉醒。孔子说：朝闻道，夕死可矣。苏格拉底说：未经思考的人生不值得一过。佛陀也说：不知正确的教法而活百年，不如听闻正确的教法而活一日。这些教导高度相似。当然，对觉醒的定义会有差异。在佛教中，觉醒的含义除了解脱还有什么？

济：除了对负面的否定，还包括对正向的开显。佛教认为，佛陀有三种功德，即断德、智德和悲德。断德是涅槃的功德，彻底平息生命内在的迷惑烦恼；智德是对智慧的成就；悲德是对慈悲的圆满。所以除了否定之外，更重要的是正向开显。

周：那么，觉醒和解脱的关系，也许可以这样来界定：唯有通过觉醒，才能真正解脱。

济：佛教所说的觉醒，并不是一般人理解的"清醒"，也不是与"难得糊涂"对应的"洞明世事"。为什么世人会通过喝酒来麻醉自己？因为他们觉得清醒的时候想法很多，又不能解决，更烦恼，更痛苦，所以通过喝酒来暂时忘记。这样的清醒，和佛教所说的觉醒是完全不同的。

周：这不是觉醒，而是觉醒的反面——麻醉。

济：佛教所说的觉醒，是对生命如实、透彻的认识，同时，它还是生命内在的强大力量。真正的觉醒，是以如实的认识为基础，进而落实到心行，开启生命内在的觉性。只有这样，才能走出迷惑的泥潭。他知道世界真相是什么，不会有认识上的迷惑；他知道怎么做才是自利利他的，不会有选择上的矛盾。对于这样的人来说，有什么值得烦恼，有什么可以痛苦的呢？所以说，觉醒的意义正在于此。

周：解脱就是解除迷惑，而生命本身蕴含着解除迷惑的能力。所以，要依靠自己固有的潜质，用自己的觉悟照亮自己的生命。

济：佛陀最大的贡献就在于，发现人有自我拯救的能力。在迷惑烦恼的背后，生命还有觉醒的潜质。一旦开发这种潜质，就能解除困惑，摆脱烦恼。换言之，生命本身就有自救的能力。佛陀的这个发现，给人类带来了希望。这也是佛教与其他宗教的不共所在。其他宗教往往把问题都归于救世主,而不是靠自己解决。但救世主到底能不能解决?是另一回事。

周:人人都有觉醒的潜质,开发这个潜质,就是认清生命真相的一个过程。

济:所以佛法特别强调正见,即如实见。如实,就是符合事实真相。生命真相到底是什么?你只有看清以后,才能摆脱错误认知。世界本是无尽的虚空,而我们的心更是"心包太虚,量周沙界",完全可以在其中自由自在。但我们有了错误设定之后,就会形成一个陷阱,把自己束缚其中,不得自在。所有的不自由,都来自心的狭窄设定和执着。当你发现这个设定原本是不存在的,就没有什么能束缚你了。

周:世界本来是一个虚空,认识到这个真相,人不是感到绝望,而是获得了自由。这也是佛法的独特之处。柏拉图和基督教都是因为不能容忍虚空,所以才要设定一个理念世界或上帝。

济:如实见的作用有两方面,一是摆脱迷惑系统,二是如实了解生命。佛法非常强调中道,所谓中道,不是一种折中,而是远离偏见,摆脱片面认识。当你产生片面认识时,就只见其一而不见其他,并由此影响你的生命状态。

周:正见一定是中道?

济:对。

周:怎么判断我现在获得的是不是正见?

济:可以自己去审视。佛法中,什么是无常,什么是无我,什么是空，都有相应的认识标准，同时还可以通过实修体证。

周：当一个人没有真正醒悟时，这些对于他来说仅仅是一个知识、一个观念，怎么真正变成自己的心识？

济：正见的建立，没有离开缘起，需要通过不断的闻思和实践，是一个理解、接受、运用的过程。因为理解，才能建立正确标准；因为接受，才能将知识转化为自身观念；因为运用，才能将闻思得来的概念化的观念，真正落实到心行。如果仅仅是概念上的认识，没有落实到心行，有时反而更纠结。就像有些人，好像能看得破，但又放不下，还不如稀里糊涂的人好过。也因为如此，往往会让自己和他人对学佛产生怀疑。只有当佛法正见真正成为自身观念、心态及生命品质，无论你说什么，做什么，都是如法的，都会让生命有正向的成长。

一灯能破千年暗，一智能破万年愚。点燃心中的智慧之灯，才能驱除黑暗，照破无明。

扫码关注济群法师公众号

人生的旅途，最好的情形是有一个好的旅伴，其次是一个人独行，最糟糕的是有一位坏旅伴。我们一起走走看，如果恰好是第一种情形，岂不是意外的惊喜？

扫码关注周国平公众号

图书在版编目（CIP）数据

我们误解了这个世界 / 济群，周国平著． －－成都：巴蜀书社，2023.6

ISBN 978-7-5531-1991-5

I. ①我… II. ①济… ②周… III. ①佛教－人生哲学－通俗读物 IV. ① B948-49

中国国家版本馆 CIP 数据核字（2023）第 075510 号

我们误解了这个世界
WOMEN WUJIE LE ZHEGE SHIJIE

济群　周国平　著

选题产品策划生产机构	北京长江新世纪文化传媒有限公司
总　策　划	金丽红　黎　波
特约编辑	陈　曦
责任编辑	陈亚玲　　装帧设计 ｜ 郭　璐　　内文制作 ｜ 张景莹
封面题字	济　群　　法律顾问 ｜ 梁　飞　　责任印制 ｜ 张志杰　王会利
版权代理	何　红　　媒体运营 ｜ 刘　冲　刘　峥　洪振宇

总　发　行	北京长江新世纪文化传媒有限公司
电　　　话	010-58678881　　传　　　真 ｜ 010-58677346
地　　　址	北京市朝阳区曙光西里甲 6 号时间国际大厦 A 座 1905 室
邮　　　编	100028

出　　　版	巴蜀书社　　　　　　　总编室电话 ｜（028）86361843
地　　　址	四川省成都市锦江区三色路 266 号新华之星 A 座 36 楼
邮　　　编	610023　　　　　　　　网　　　址 ｜ www.bsbook.com

印　　　刷	天津盛辉印刷有限公司
开　　　本	710 毫米 ×1000 毫米　1/16　　印　　张 ｜ 14
版　　　次	2023 年 6 月第 1 版　　　　印　　次 ｜ 2023 年 6 月第 1 次印刷
字　　　数	140 千字
定　　　价	58.00 元

盗版必究（举报电话：010-58678881）

（图书如出现印装质量问题，请与选题产品策划生产机构联系调换）